KB259828

CEO

꿈의 연봉에 도전하라

CEO

꿈의 연봉에 도전하라

최병권 지음

중앙경제평론사

글로벌 경쟁 시대, 지식과 정보화 시대가 도래하면서, 기업 흥망에서 경영자의 능력과 역량의 중요성이 더욱 커지고 있다. 국경을 뛰어넘어 국가간 경쟁이 치열해지는 것은 물론, 불확실하고 급변하는 경영환경 속에서 기업이 성공과 성장을 지속적으로 영위하기 위해서는 무엇보다 경영진의 탁월한 능력이 필요하다. 국경을 초월하여 우수한 경영자를 확보하기 위한 인재 전쟁이 활발히 전개되는 것도 바로 이 때문이다.

그러나 여기서 한 가지 간과해서는 안 되는 사항이 있다. 우수한 경영자를 확보함과 동시에 그들이 경영에서 의사결정을 제대로 할 수 있게 '동기부여' 할 수 있는 보상 메커니즘을 정착시켜야 한다는 점이다. 장기적인 관점에서 기업 가치를 높이고, 고객에게 더 많은 가치를 제공할 수 있는 조직 역량을 강화하는 등 경영자가 기업을 올바른 방향으로 이끌어가도록 유도하는 보상 장치가 필요하다는 것이다.

글로벌 기업들은 이러한 경영자 보상 시스템에 관심을 많이 두고 선진화를 위해 노력한다. 기본급, 단기 성과급, 장기 성과급 등 보상의 유형이 어떠하든 간에 기업이 처한 경영 환경, 내부적인 전략과 비전 등을 고려하여 경영자들이 기업 목표를 효과적으로 달성할 수 있도록 촉진하는 경영자 보상 체제를 갖추기 위해 노력한다.

그렇다면 우리 기업들은 어떨까? 안타깝게도 우리 기업들은 아직까지 경영자 보상에 대해 관심을 그다지 많이 두지 않는 것이 사실이다. 대체로 직급이나 근속연수에 따라 보상 규모(특히 기본급)가 결정되며, 성과급 역시 그 기준이나 규모를 정할 때 투명하지 않은 것이 현실이다. 우수한 경영자를 확보하기 위해서는 많이 노력해왔지만, 정작 그들이 의사결정을 제대로 하고 기업의 가치를 높이도록 동기부여하는 보상 메커니즘을 확립하는 데는 상대적으로 관심이 적었다는 것이다.

경영자 보상 시스템의 선진화 면에서도 개선의 여지가 많다. 최근에는 국적을 초월하여 외국에서 유능한 인재를 데려오는 경우가 많으나, 아직도 '한국식' 보상 시스템을 운영하여 유능한 인재를 확보하는 데 어려움을 겪는 기업들이 적지 않은 것으로 보인다. 따라서 우수한 경영자를 영입하고 내부에서 실력 있는 경영자를 지속적으로 유지하며, 이들이 기업 가치를 높일 수 있도록 하는 경영자 보상 패키지(Executive Compensation Package)를 개발하기 위해 많이 노력해야 한다.

의욕만 앞선다고 실행이 되지 않듯이, 경영자 보상의 선진화를 위해서는 우선 글로벌 기업들의 프랙티스에 대해 알 필요가 있다. 이는 '글로벌 기업을 무작정 따라 하자'는 의미는 절대로 아니다. 우리나라의 특성, 기업의 고유한 특성이 있기 때문에 아무리 잘나가는 글로벌 기업의 보상 제도라고 해도 무조건 모방할 수는 없기 때문이다. 다만 우리 기업들이 아직

잘 모르는 경영자 보상에 대한 기본적인 프랙티스를 알고, 이를 응용하여 고유의 경영자 보상 프랙티스를 수립할 필요는 있다.

이 책은 바로 이러한 이유에서 집필했다. 많은 기업이 '경영자 보상'에 대해서는 들어보았지만, 구체적으로 경영자 보상의 요소와 상세한 프랙티스에 대해서는 정보 부족을 느끼고 있다.

1장에서는 '기업의 경쟁력, 경영자 보상 프랙티스에 달려 있다'를 주제로 기업 성공에서 경영자의 역할과 그러한 경영자에 대한 보상의 중요성을 제시한다. 2장에서는 '글로벌 기업에게 배우는 경영자 보상 트렌드'를 주제로 글로벌 기업들의 경영자 보상 프랙티스에 대해 소개한다. 3장에서는 '한국 기업의 경영자 보상 방향'을 주제로 향후 우리 기업들이 경영자 보상 시스템 설계 및 운영 시 반드시 고려해야 할 핵심 포인트에 대해 짚어본다.

이 책을 집필할 수 있도록 도와주신 분들께 감사 인사를 드린다. 다양한 경험을 쌓을 수 있도록 배려해주시고, 연구원의 비전과 자세를 아낌없이 지도해주신 LG경제연구원 이춘근 실장님께 감사 드린다. 한참 부족한 글이지만 집필할 수 있도록 학문적 토대를 마련해주신 고려대학교 경영학과 문형구 님과 출간으로 이어지도록 도움을 준 중앙경제평론사에도 감사 인사 드린다.

최 병 권

Contents

01

기업의 경쟁력, 경영자 보상 프랙티스에 달려 있다

기업 생존의 열쇠는 '경영자'가 쥐고 있다고 해도 지나친 말이 아니다. 기업이라는 거대한 함대의 큰 비전에 맞춰 시장에서의 경쟁 전략을 총괄하는 최고 수장으로서 역할과 책임이 방대하기 때문이다. 유능하고 탁월한 경영자를 확보하고, 이들을 어떻게 동기부여할 것인가에 대한 기업들의 고민이 깊어지고 있다. 그 해답은 '경영자 보상'에서 찾을 수 있다. 경영자 보상 시스템을 제대로 설계하지 않고는, 경영자의 마음과 몸을 올바른 방향으로 움직일 수 없다. 1장에서는 기업 경쟁력의 근간으로서 경영자 보상의 중요성에 대해 살펴본다.

01 기업의 생존 경영자에 달려 있다

글로벌 경쟁 시대, 지식과 정보화 시대가 도래하면서, 기업 흥망에서 경영진의 능력과 역량의 중요성이 더욱 커지고 있다. 특히 국가간 경쟁이 치열해지고 급변하는 경영 환경에서, 기업의 지속적인 성공과 성장을 위해서는 무엇보다 경영진의 탁월한 능력이 필요하다.

사실 경영자의 역량과 리더십은 기업 성패에 결정적 영향을 미치는 기업 성공의 근간이라 할 수 있다. 복잡한 경영 환경에서 기업의 나아갈 방향을 명확히 제시하고, 미래를 대비하여 시장에서 경쟁력 있는 게임 플랜(Game Plan)을 마련해야 하는 사람이 바로 경영자이기 때문이다.

시장 변화 동향을 적시에 감지하지 못해 무너져가던 거대 공룡 IBM을 부활시킨 루 거스너(Louis V. Gerstner) 전 회장, 경영 악화로 경쟁력이 약화되던 닛산(Nissan)을 부흥시킨 카를로스 곤(Carlos Ghosn) 사장 등의 사례를 보면, 기업 회생에서 경영진의 역량과 역할이 얼마나 중요한지 잘 알 수 있다.

경영자 능력은 기업 주가에 중요한 영향을 미친다

탁월한 실력을 보유한 경영진의 확보 여부는 기업 주가에도 큰 영향을 미칠 수 있다. 주가는 기업이 창출하는 현재의 재무 성과(매출, 영업 이익 등)뿐만 아니라 미래 기업의 성장 가능성과 수익성에 대한 시장(주주)의 기대감이 반영되어 결정된다.

경영자의 역량과 역할은 특히 미래의 성장 가능성과 수익성에 영향을 미친다. 즉 경영자가 3년 후, 5년 후 어떤 산업에서 어떤 사업을 전개할 것인가, 그리고 그러한 사업을 전개할 조직적 기반을 충실히 다지고 있는가 등 기업의 미래 청사진을 밝게 해야 기업의 미래 성장에 대한 외부 이해관계자들의 기대감이 높아져 주가가 올라가게 된다.

실제로 미국 등 글로벌 시장의 경우, '어떤 경영자를 확보하는가' 가 기업의 주가를 좌우하는 현상을 어렵지 않게 찾아볼 수 있다. 3M이 GE 출신의 유능한 경영자 제임스 맥너니(James Mcnerney)를 최고경영자(Chief Executive Officer)로 영입한다고 발표했을 때, 3M의 주가는 연중 최고치를 기록했다. 모토로라(Motorola) 회생의 주역인 조지 피셔(George Fisher)가 1993년 코닥(Eastman Kodak) CEO로 취임했다는 발표가 나오자, 코닥 주가는 57.3달러에서 62.3달러로 10% 정도 상승하였다.

이처럼 CEO의 이름과 위상이 기업 주가에 상당한 영향을 주는 것을 'CEO 주가' 라고 한다. CEO 주가와 관련하여 미국 펜실베이니아대학 데이비드 라커 교수는 'CEO 주가가 10% 호전되면 기업 주식 가치는 24% 증가한다' 는 실증 연구 결과를 발표하기도 했다.

이처럼 경영자의 이름과 명성이 회사의 인지도와 재무 성과(주가)에 영향을 미치는 현상을 'CEO 브랜드'라고 한다. CEO 브랜드는 고객 인지도, 제품 로열티, 핵심 인력의 유치 등에 기여할 수 있다. 탁월한 경영 능력과 좋은 이미지를 가진 CEO가 있는 회사는 투자자들에게 주식을 사도록 유도할 수 있으며, 고객에게는 제품의 신뢰성을 심어줄 수 있다. 또 예비 취업자들에게는 일하기 좋은 회사, 성장 비전이 있는 회사라는 인식을 심어주어 우수 인재를 유치할 수 있으며, 다른 기업에게는 좋은 전략 파트너나 제휴 상대로 비춰지는 효과를 누릴 수 있다.

브랜드 가치가 높은 경영자를 잡아라

위기에 빠지거나 기업 이미지에 타격을 받은 기업들은 성과 개선과 변화를 위해 새로운 돌파구를 제시할 수 있는 노련한 경영자(CEO)를 갈망하기 마련이다. 이에 따라 새롭게 부각되는 CEO 교체 특징 가운데 하나가 최고경영자 경험이 있는 CEO를 신임 CEO로 등용하는 'CEO 모셔오기' 현상이다. 2002년 사상 최대의 회계 부정 스캔들에 빠진 장거리 전화 업체 MIC(당시, WorldCom)가 컴팩에서 CEO 경험이 있는 마이클 카펠라스를 휴렛팩커드에서 영입하여 파산 보호를 탈피하는 등 회생시킨 것도 이러한 맥락으로 볼 수 있다.

한편, CEO를 즉각 교체해야 하는 기업 중에서는 타 회사의 현직 CEO를 빼내오는 사례도 있다. 이런 경우, CEO를 빼앗긴 기업은 경영 공백이 생기기 때문에 급박한 상황을 해결하고자 또다시 제3기업의 현직 CEO를 빼오는 이른바 '도미노 현상'이 일어나기도 한다. 보잉이 3M의 CEO인

짐 맥너니를 CEO로 영입하자, 3M은 바로 브런스윅(Brunswick)의 CEO
였던 조지 버클리를 영입한 것이 대표적인 사례다.

실제로 글로벌 컨설팅 회사 부즈알렌해밀턴의 조사(2007년)에 따르면,
CEO 교체 기업 중 CEO 경험자를 영입한 기업이 1995년 9곳에서 2005
년에는 35곳으로 증가했으며, 특히 다른 기업의 현직 CEO를 영입한 기
업은 1995년 6곳에서 2005년 20곳으로 증가했다.

이처럼 CEO 경험자를 새로이 CEO로 모셔오는 가장 큰 이유는 앞서
살펴본 바와 같이 CEO 브랜드를 높게 평가하기 때문이다. 즉 많은 기업
들이 과거에 CEO로 성공한 사람은 쇠퇴하는 기업을 회생시키거나 높은
성과를 낼 수 있는 능력을 갖고 있다고 생각한다. 또 CEO를 처음 해보는
사람이 직면하는 애로 사항을 경험자들은 상대적으로 쉽게 극복할 수 있
을 것이라고 믿는다.

'CEO 리더십은 어디서든 통용될 수 있다' 는 생각도 CEO 경험자를 영
입하는 이유이다. 비록 타 회사의 CEO라 하더라도 CEO로서 나름대로
노하우와 리더십이 있기 때문에, 이전과는 이질적인 산업이나 기업에서도
동일하게 CEO로서 성공할 수 있다고 믿는 것이다. 이러한 이유로 위기에
빠진 기업이나 성과가 낮은 기업에서는 CEO 경험자를 영입하는 경우가
많다.

우리 기업의 CEO 브랜드

최근에는 우리 기업들 사이에서도 CEO 브랜드 현상을 어렵지 않게 찾
아볼 수 있다. 우리금융지주는 삼성증권 황영기 사장을 영입한 후 주가가

3일 연속 상승세를 기록한 바 있으며, 국민은행은 김정태 행장이 사임하
자 주가가 급격히 하락한 적이 있다. 현대그룹 역시 정몽헌 전 회장 사망
으로 현대 계열사들의 주가 급락을 경험한 바 있다. 즉 이른바 'CEO 주
가' 현상이 우리나라에서도 벌어지고 있는 것이다.

2000년 증권 전문 인터넷 사이트 팍스넷이 조사한 결과, 'CEO의 주가
에 대한 영향력이 크다는 응답이 81.4%로 나타났다. 물론 우리나라는 아
직 대기업과 일부 소규모 벤처 기업을 중심으로 CEO 주가 현상이 벌어지
고 있으나, 글로벌 시장과 같이 유능한 CEO가 더 많이 등장한다면, CEO
주가 현상은 더욱 빈번하게 일어날 것이다.

글로벌 기업의 경영자 보상에 대한 관심과 투자

기업들은 유능한 경영자를 확보하기 위해 각고의 노력을 기울인다. 국
내 대기업 출신 경영자, 외국계 회사 출신 경영자, 심지어 외국인 경영자
등을 높은 연봉을 주고 데려오는 기업들이 증가하고 있다.

그런데 유능한 경영자 확보와 더불어 한 가지 간과해서는 안 될 것이 있
다. 유능한 경영자들이 기업 전략의 성공적 실행 그리고 이를 통한 재무
성과, 나아가 주가를 높이기 위해 열정을 다해 일할 수 있도록 동기를 부
여하는 메커니즘을 마련해야 한다는 점이다. 이러한 동기부여 메커니즘
가운데 핵심은 바로 '보상 제도(Compensation)' 이다.

기업이라는 거대한 조직을 이끌며 성과를 내는 최고 수장인 경영자는
역할과 책임이 매우 크다. 따라서 이들에게 '어떤 성과 지표를 들이밀 것
인가', '보상을 어느 정도 제공할 것인가' 등과 같은 보상 이슈는 매우 중

요한 동기부여 요인으로 작용할 수밖에 없다.

이 같은 중요성을 인식한 글로벌 기업들은 최고경영자를 비롯한 임원(Executive)에 대한 보상 제도에 관심을 많이 갖고 고민하고 있다. 공정하고 합리적인 보상이 기업의 비전·전략 및 성과 달성을 위한 경영자의 올바른 의사결정과 헌신적인 노력을 극대화할 수 있다고 믿기 때문이다.

글로벌 기업의 경영자 보상의 특징은 여러 가지가 있으나(글로벌 기업의 경영자 보상의 특징에 대해서는 2장에서 상세히 살펴본다), 이 중에서 주목할 만한 점은 경영자들이 주주 가치(Stockholder's Value)를 높이는 방향으로 경영하도록 보상 정책을 맞춰가고 있다는 것이다. 즉 주주의 가치(예컨대 주가)를 많이 높일수록 경영자가 받는 보상 역시 증가하도록 하여, 주주와 경영자가 상호혜택을 보도록 하는 것이다.

이러한 보상 정책은 기본적으로 '주주-대리인 문제(Stockholder-Agency Principle)'를 해소하는 효과를 누릴 수 있다. 주주-대리인 문제는 주주와 대리인의 이해관계가 상호연계되지 않을 경우, 대리인은 주주의 이익보다는 자신의 이익을 위해 의사결정을 하는 데에서 발생하게 된다.

즉 경영자는 기업에 투자하는 주주들을 대신하여 기업을 경영하는 일종의 대리인으로서, 경영자의 보상이 주주 가치와 연결되어 있지 않으면 주주보다는 경영자 자신이 보상을 많이 받을 수 있는 경영을 함으로써 주주에게 피해를 줄 수 있는데, 이를 방지하는 것이 바로 주주 가치와 경영자 보상을 연계하는 것이다.

또 경영진이 기업이 건강하게 지속적으로 성장할 수 있도록 장기 경영 마인드를 촉진하는 방향으로 보상 제도를 운영하는 것도 글로벌 기업의 특징 가운데 하나다. 경영진은 한 해 한 해 단기적 재무 성과를 내는 데 집착하는 경우가 많다. 한 해 동안 성과를 내지 못하면 성과 부진에 따른 주주들의 압박을 받게 되고, 그에 따라 경영자 자리에서 물러날 수밖에 없기 때문이다(Tip 1 참조). 또 올해 재무 성과를 내지 못하면, 내년도에 투자할 자원을 확보하지 못하기 때문에 단기적 재무 실적에 민감할 수밖에 없다.

그러나 한편으로는 역설적이게도 단기 성과 집착이 기업의 장기적 성장과 생존 면에서 더 큰 불행을 초래할 수도 있다. 단기 성과에만 집착할 경우, 산업 구조의 변화, 신규 경쟁자의 등장, 제품·서비스 트렌드 변화 등 외부 경영 환경 변화에 둔감하게 되어 3년, 5년 후에 '어떤 사업을 할 것인가'에 대한 고민이 부족해지고, 그 결과 미래를 준비하는 선행 투자 활동에 소홀할 수 있기 때문이다.

따라서 글로벌 기업들은 단기 성과에 대한 주주들의 압력이 강한 주식 시장 특성상 경영자의 단기적인 성과를 소홀히 하지는 않지만, 좀더 장기적인 관점에서 기업의 지속적 성장을 촉진할 수 있도록 유인하는 보상 역

Tip 1 실적 부진에 따른 문책성 경영자 교체

CEO 임기를 채우지 못하고 중간에 '사임'하는 문책성 교체가 증가하고 있다. 성과 하락에 대한 책임, 윤리적 문제나 스캔들, 인수합병 등의 이유로 중도하차하는 CEO가 늘어나고 있다. 경영진 리크루팅 기관인 스펜서&스튜어트(Spencer & Stuart)가 미국 S&P 500 기업을 대상으로 한 조사를 보면, 2006년 교체된 CEO의 약 50%가 전임 CEO의 정년 퇴직이나 임기 만료에 따른 정상 교체가 아닌 성과 하락에 대한 문책 등 비자발적 교체인 것으로 나타났다. HP의 칼리 피오리나, AIG의 그린버그 회장 등이 그 예로, 이들은 '회사가 경영 부진에 휩싸였는데도 대외 활동에만 주력한다'는 비난을 받으며 자리에서 물러났다.

문책성 CEO 교체가 증가한 배경으로 이사회의 CEO 견제 역할 강화를 들 수 있다. 예컨대 미국의 경우, 지배구조개선법의 영향으로 CEO의 경영 성과, 법적 규제 준수, 윤리적 경영 등에 대한 이사회의 견제와 감시가 한층 강화되었다. 특히 경영

성과 하락에 대해 이사회가 공동 책임을 져야 한다는 최근의 법원 판결도 이사회를 바짝 긴장하게 하고 있다. 그 결과, 경영을 소홀히 하여 주주 가치를 훼손하거나 각종 스캔들로 기업 이미지를 훼손한 CEO들이 문책성으로 교체되는 사례가 증가하는 것이다.

또 CEO 역할에 대한 기업들의 인식 변화도 한몫하고 있다. 과거에는 대외 활동을 통한 기업 이미지 제고 등도 CEO의 중요한 역할로 인식되었다. 그러나 최근엔 이러한 활동은 기업 성과에 도움이 되기보다는 CEO 개인에게만 이익을 가져다준다는 인식이 싹트고 있다. 즉 CEO로서 가장 중요한 역할은 '주주 가치 창출'이다. TV나 경영 잡지 등 언론 활동에 집중하는 식으로 개인적 명예만 중시하는 CEO보다는, 보잉의 짐 맥너니 회장이나 HP의 마크 허드처럼 경영의 기본인 제품·서비스 혁신을 통해 실적과 주가를 높이는 등 내실을 챙기는 CEO들이 부각되는 이유도 바로 여기에 있다.

'CEO 교체 신(新)풍속도', LG주간경제 940호(2007)

〈미국 S&P 500 기업의 CEO 교체 사유(2006, %)〉

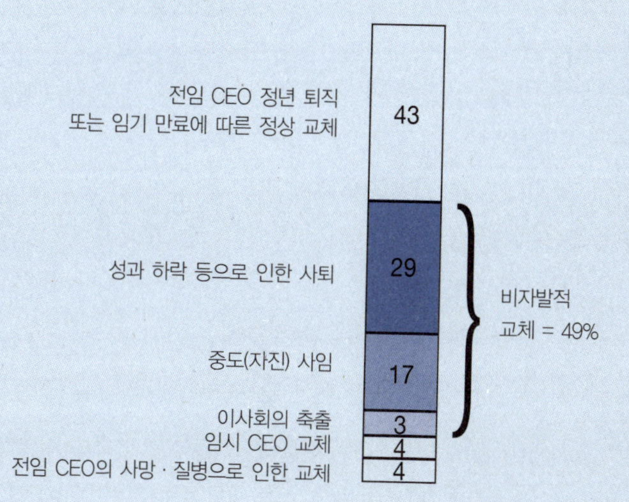

자료 : CEO Turnover, Spencer & Stuart, 2006

시 주의를 기울이고 있다.

경영자 보상에 소홀한 우리 기업들

우리 기업 역시 유능한 경영자 확보와 더불어, 경영자들이 좀더 높은 성과를 창출할 수 있도록 동기부여할 수 있는 경영자 보상 제도에 관심을 보여야 할 필요성이 있다. 그러나 안타깝게도 우리 기업들은 아직까지 경영자 보상에 대해서는 그다지 관심을 두지 않는 것이 사실이다. 대체로 직급이나 근속연수에 따라 보상 규모(특히 기본급)가 결정되어왔으며, 성과급 역시 총보상 대비 그리 크지 않은 것이 현실이다.

그러나 글로벌 경쟁 시대에서 좀더 많은 성과를 창출하고, 주주 가치를 높이기 위해서는 현재의 고정급 중심 보상 체제에서 벗어나 단기 및 장기 성과에 연동한 보상 비중을 더욱 강화해야 할 것이다. 한 걸음 더 나아가 시장에서 스타(Star)급 경영자를 확보하고 지속적으로 유지하는 차원에서도 경영자 보상 경쟁력을 키울 필요가 있다.

최근 우리 기업들도 대기업 경영자에서 벤처 사장으로 이직하거나, 상당한 스톡옵션을 받고 경쟁 기업으로 옮기는 등 경영자의 기업간 이동이 활발히 전개되고 있다. 이러한 상황에서 우수한 경영자를 외부에서 영입하고, 내부의 실력 있는 경영자를 지속적으로 잡아두기 위해서는 경쟁력 있는 보상 패키지(Package) 개발에 많은 노력을 기울여야 할 것이다.

이에 다음에는 글로벌 기업의 경영자 보상 동향과 트렌드를 짚어보고, 우리 기업에 시사점이 될 만한 점을 도출해보고자 한다. 이에 앞서 경영자 보상의 기본적인 구성 요소와 개념에 대해 먼저 살펴본다.

02 경영자 보상 구성 요소 따라잡기

경영자 보상은 크게 기본급(Base Pay)과 성과급(Incentive), 기타 보상(퇴직금, 복리후생)으로 구성된다. 이 중 성과급은 과거 1년간의 성과에 연동하여 지급하는 단기 성과급(Short Term Incentive)과 3~5년 후의 미래 성과에 연동하여 지급하는 장기 성과급(Long Term Incentive)으로 구분된다.

기본급

기본급은 매년 고정적으로 지급하는 보상이다. 기본급을 결정하는 요인은 여러 가지가 있는데, 크게 두 가지로 나눌 수 있다. 첫째는 '사람' 요인이다. 즉 기술·전문성 수준, 역량, 근속연수, 나이 등과 같이 경영자 자체가 보유하고 있는 속성에 기반하여 기본급을 결정할 수 있다. 예컨대 나이 또는 근속연수가 많을수록 기본급을 많이 책정하는 호봉제(Seniority Based Pay), 역량 수준에 따라 기본급을 차등하는 역량급(Competency

Based Pay) 등이 여기에 해당한다.

둘째는 '직무' 요인으로 경영자가 담당하는 직무(포지션)에 따라 기본급이 결정되는 방식이다. 이는 사람보다 직무 자체를 중시하는 것으로, 회사에서 중요한 직무, 시장에서 높은 가치가 매겨지는 직무를 담당할수록 기본급을 많이 지급하는 방식이다. 또 중요하고 가치가 높은 직무를 수행하려면 그만큼 책임과 역할이 중요하기 때문에 그에 합당한 보상을 제공하겠다는 사상이다.

이 외에도 경영자라는 사회적 신분(위상)이나 과거에 회사에 기여한 공헌도 등을 반영하여 기본급 수준을 결정하기도 한다. 예컨대 '한국에서 임원이라면 적어도 이 정도는 고정적으로 받아야 위신이 선다' 는 가정하에 기본급 수준을 책정하는 것이다.

단기 성과급

단기 성과급은 지난 1년간의 성과에 대한 사후적 보상 개념이다. 고정급이 경영자의 직무, 역량 등을 고려하여 사전적으로 결정하는 보상 개념이라면, 성과급은 1년간의 성과를 보고 결정하는 사후적 보상 개념이다. 단기 성과급에는 1년간의 성과와 연동하여 매년 지급하는 연간 성과급(Annual Incentive)과 특정한 프로젝트를 성공적으로 수행하는 등 일시적인 성과에 대한 보너스 성격으로 지급하는 특별 상여금(Special Bonus) 등의 유형이 있다.

이러한 단기 성과급은 경영자가 노력하여 창출한 가시적 성과와 노고를 인정하고, 앞으로도 지속적으로 좋은 성과를 내도록 동기부여하고자

하는 목적이 있다. 더하여 단기 성과급은 경영자 보상의 하이라이트로 '성과를 낸 만큼 경영자가 보상을 더 많이 받을 수 있다'는 성과주의 보상 (Pay-for-Performance)의 대표적인 수단으로 활용될 수 있다.

장기 성과급

장기 성과급은 미래(통상 3년 이상)의 회사 성과에 대한 보상 성격으로, 미래에 성과 목표를 달성했을 때 일정 금액의 성과급을 제공하기로 약속 하는 미래 지향적 보상 형태다. 장기 성과급은 '주식으로 지급하는가', '현금으로 지급하는가' 하는 지급 수단에 따라 주식형 보상과 현금형 보 상으로 나뉘는데, 그 종류는 다음과 같다.

주식형 보상은 성과급 지급 수단이 '주식(Stock)'임을 의미한다. 여기 에는 일정 기간 후 자사 주식을 일정한 가격(이를 행사 가격이라 함)으로 매 입할 수 있는 권한(Option)을 부여한 후, 일정 기간 후 사전에 설정된 행 사 가격으로 매입할 수 있는 권한을 부여하는 스톡옵션과 일정한 장기 성 과 목표(예 : 매출, 영업이익 등)를 달성할 경우 실물 주식을 직접 제공하는 스톡 그랜트가 있다.

스톡옵션에는 일반적인 방식의 스톡옵션과 스톡옵션의 변형된 형태로 서 사전에 설정한 행사 가격과 주식 매수 시점의 주가 차액만큼을 주식(또 는 현금)으로 환산하여 지급하는 주식평가차액(Stock Appreciation Rights) 유형이 있다. 이 방식은 경영자 입장에서는 주가의 차액만큼을 주 식으로 지급받기 때문에, 경영자 자신이 직접 주식을 구매하거나 파는 거 래 행위는 없다는 특징이 있다.

한편 스톡 그랜트에는 크게 두 가지 유형이 있다. 주식을 부여하되 일정 기간(3~5년 후)이 지난 후 실물 주식을 양도하는 양도제한조건부주식이 있다. 이때 양도를 유보한 일정 기간에는 해당 주식에 해당하는 만큼 현금 또는 주식으로 배당하게 된다. 또 다른 유형으로 3~5년 후에 매출·경상 이익 등 사전에 설정해둔 목표를 달성했을 때, 일정량의 주식을 부여하는 성과급 주식이 있다.

마지막으로 현금으로 보상하는 현금 방식 역시 크게 두 가지 유형이 있다. 미래에 달성해야 할 성과 목표를 사전에 정해놓고, 이를 달성할 경우 현금으로 일시 지급하는 현금 보상과 가상으로 1유닛의 가치를 고정된 현금 금액으로 정해놓고(예, 1유닛 = 100만 원), 장기 성과 목표 달성 실적에 따라 유닛의 수량을 결정하여 지급하는 '성과급 유닛'이 있다.

이 두 유형은 운영 방식 면에서 다소 차이가 있으나, 현금으로 보상한다는 점에서 거의 유사한 방식이다. 이러한 현금 방식의 보상은 주식형 보상에 비해 미래에 지급받을 보상 가치에 대한 불확실성이 없기 때문에, 좀더 확실한 사전적 동기부여 효과가 있는 반면, 보상 금액이 주식형 보상에 비해 작고 기업 입장에서 당장의 비용 지출이 발생한다는 단점이 있다.

지금까지 경영자 보상의 개략적인 개념과 종류, 특성 등에 대해 살펴보았다. 다음에는 경영자 보상의 종류(기본급과 단기, 장기 성과급 등)를 중심으로 글로벌 기업의 경영자 보상 제도의 최근 동향과 운영 특징을 심층적으로 분석해보고, 우리 기업에 시사하는 점을 살펴본다.

<그림 1-1> 장기 성과급의 유형과 개념

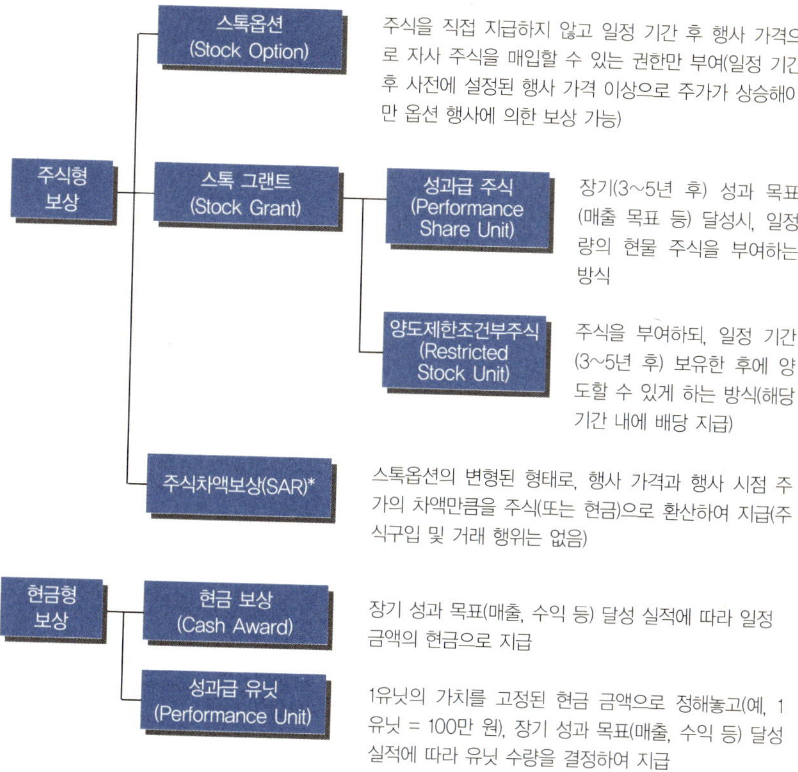

02

글로벌 기업에게 배우는 경영자 보상 트렌드

글로벌 기업들은 우수한 경영자를 확보하고 동기부여하기 위해 경영자 보상 제도에 대해 많이 고민하고, 좀더 나은 제도를 적용하기 위해 노력을 기울이고 있다. 글로벌 경쟁 시대에 우리 기업들이 경쟁력을 확보하기 위해서는, 우선적으로 글로벌 기업들의 경영자 보상 프랙티스에 대해 제대로 이해해야 한다. 이에 2장에서는 글로벌 기업의 경영자 보상 철학과 프랙티스에 대해 상세히 살펴본다.

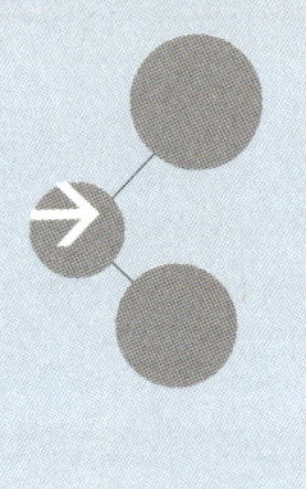

01 글로벌 기업의 경영자 보상 트렌드 이해하기

우리 기업들의 경영자 보상에 대한 관심과 수준은 아직 초보 수준이다. 글로벌 경쟁 시대에 뒤처지지 않기 위해서는 우리 기업들도 선진화된 경영자 보상 시스템을 조속히 갖추어야 한다. 이를 위해 무엇보다도 글로벌 기업들은 과연 어떠한 경영자 보상 철학과 시스템을 갖고 있는지 면면을 이해하고, 우리 기업에 시사하는 점을 찾는 과정이 필수적이다. 글로벌 기업들의 경영자 보상이 어떤 방향으로 움직이고 있는지에 대해 먼저 살펴보자.

미래의 장기 성과와 연계

글로벌 기업의 경영자 보상 트렌드의 가장 큰 특징은 미래의 장기 성과와 연계하여 지급하는 장기 성과급이 높은 비중을 차지하고 있다는 점이다. 글로벌 컨설팅 회사 머서(Mercer)가 미국의 350여 CEO를 대상으로 조사한 바에 따르면, 총보상 중에서 기본급 비중은 15~16% 수준인 반면, 단기 및 장기 성과급 비중은 85% 이상으로 나타났다. 즉 매년 안정적으로 지급하는 고정급보다는 '성과'에 연동한 성과주의 보상을 중시하는 것으로 이해할 수 있다(〈그림 2-1 참조〉).

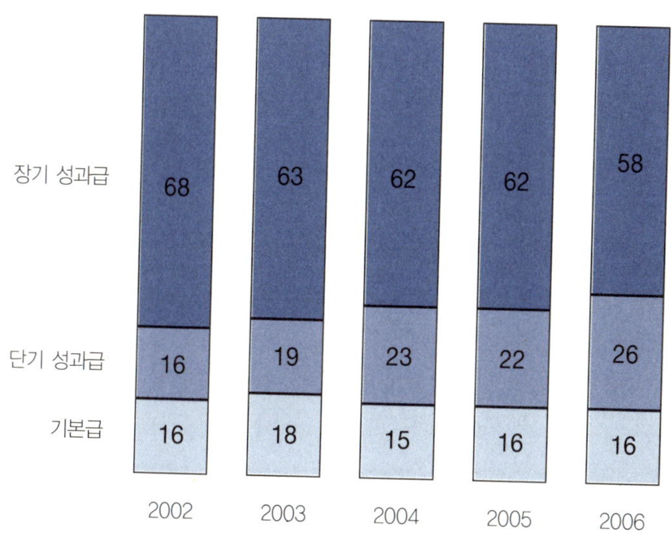

〈그림 2-1〉 경영자 보상 구성 비중

자료 : Mercer issues annual study of CEO compensation at large US firms, Mercer Consulting, April, 2007

주목할 만한 점은 성과급 중에서도 단기 성과급에 비해 3~5년 이후의 미래 성과에 연계하여 보상하는 장기 성과급 비중이 절대적으로 높은 비중을 차지하고 있다는 것이다. 통상적으로 단기 성과급의 경우, 기본급의 1~3배 수준에 그치고 있으나, 장기 성과급의 경우 총보상의 60% 이상을 차지하는 것으로 나타나고 있다. 이는 주식시장이 발달한 북미 등 서구 기업의 특성상 단기 성과를 중시하지만, 그에 못지않게 기업의 장기적 건전성, 지속적 성장을 도모하는 차원에서 장기 성과 역시 중시하고 있음을 시사한다고 볼 수 있다.

몇몇 회사의 예를 들어보면(2003년 기준), 우선 CEO의 기본급 대비 단기 성과급은 펩시코(Pepsi-Co) 3.2배, 코닥 2.3배, 존슨앤드존슨 1.1배로 나타났다. 반면 CEO의 기본급 대비 장기 성과급 비중(스톡옵션 기준)은 존슨앤드존슨 21배, GE 9배로 단기 성과급에 비해 훨씬 큰 비중을 차지함을 알 수 있다.

직급이 높을수록 장기 성과급 비중도 높아

장기 성과급 비중은 직급이 높을수록 더 많은 비중을 차지한다는 점도 특징적이다. 예컨대 일반 경영자보다는 시니어(Senior) 경영자 그리고 그보다는 CEO가 장기 성과급 비중이 더 높다. 글로벌 컨설팅 회사 머서가 미국 기업을 대상으로 한 조사 결과(2003년)를 보면, 총보상액 중 장기 성과급 비중이 CEO는 약 75%, 회사 내 Top 5 임원(미국 증권거래법상 주총 안내서에 의무적으로 보상 수준을 공개하도록 되어 있는 Top 5 등기 임원)은 약 70%, 부사장(Senior Vice President)급은 약 60%, 사업부장(Business Unit Manager)은 약 55% 수준인 것으로 나타났다.

몇몇 회사를 보면, P&G의 경우(2006년) CEO 79%, Top 5 등기 임원 66%, 존슨앤드존슨의 경우(2007년) CEO 70%, Top 5 등기 임원 60% 정도가 총보상에서 장기 성과급이 차지하는 비중으로 나타나고 있다. GM 역시 기본급, 단기 성과급, 장기 성과급 비중이 CEO는 10 : 10 : 80인 반면, 일반 임원은 20 : 20 : 60으로 나타나고 있다.

이와 같이 직급이 높을수록 장기 성과급 비중이 높은 이유는 회사의 최종 성과(주가 등)에 가장 결정적으로 책임을 지는 사람은 CEO와 같은 높은 직급의 경영자이기 때문에, 낮은 직급의 경영자에 비해 장기적 경영 성과와 연동한 보상, 즉 장기 성과급 비중이 훨씬 더 높아야 한다는 사상에서 비롯된 것으로 해석할 수 있다.

산업에 관계없이 성과급 비중은 강화되는 추세

그렇다면 경영자 보상 중에서 장기 성과 비중이 높은 현상은 모든 산업에 공통으로 적용되는 것일까 아니면 장기 성과 비중이 높은 것은 특정 산업에만 국한되는 것일까?

장기 성과급 비중이 높은 현상은 산업 특성에 따라 다소 차이는 있으나, 큰 기조는 공통적으로 나타나는 현상이다. 글로벌 컨설팅 회사 타워스 페린(Towers Perrin)이 미국에 본사 또는 지사를 둔 768개 기업(2002년)을 대상으로 한 경영자 보상 조사에 따르면, 화학, 전자, 석유화학 산업의 장기 성과급 비중이 각각 65%, 59%, 66%로 나타난 반면, 의학과 이동 통신 산업은 84%, 79%로 다소 높게 나타났다.

장기적 관점에서 자본과 기술 투자가 요구되어 단기적으로 가시적인 성과 창출이 어려운 의학 산업이나 산업의 불확실성이 높거나 벤처와 같이 보상 자금 여력이 충분하지 않은 이동통신 산업에서 장기 성과급 비중이 좀더 높은 것으로 판단할 수 있다.

성과에 따른 보상 격차 심화

경영 성과에 따른 보상 수준 차이 역시 심화되는 추세다. 즉 성과에 따른 확실한 차등 보상을 강화하자는 의도에서 성과급 차등 폭을 강화하고 있다. 이는 '성과를 달성한 만큼 응당한 보상'을 주어 보상의 공정성을 확보하고 성과 달성 의지를 높임과 동시에, 성과주의 문화를 조성하는 데에도 목적이 있다. 글로벌 컨설팅 회사 머서가 미국의 350개 상장 기업을 대상으로 조사한 결과(2003년)를 보면, 성과가 좋은 CEO는 보너스와 장기 성과급을 많이 받았으나, 성과가 좋지 않은 CEO는 오히려 삭감되는 결과를 보였다.

예컨대 1998년에서 1999년 사이에 순이익 성장률 기준으로 높은 성과(중위수 : 103.6%)를 보인 기업의 CEO는 약 25%의 보상 증가를 보였으나, 낮은 성과(중위수 : −33.5%)를 보인 기업의 CEO는 보상 증가가 전혀 없었다. 이는 경영자 세계에서도 '보상의 양극화' 현상이 벌어지고 있음을 의미한다.

즉 성과를 많이 낸 CEO는 지속적으로 CEO 자리를 유지하면서 금전적으로도 막대한 보상을 받지만, 그렇지 못한 CEO는 보상은 물론 자리를 유지하기도 힘들게 되었음을 의미하는데, 이는 일차적으로는 경영자 보상의 상당 부분이 성과에 연동한 성과급의 비중이 높아짐에 따라 나타나는 현상으로 볼 수 있다. 아울러 이러한 CEO 보상 양극화는 CEO라고 해서 무조건 보상을 많이 받을 거라는 고정관념을 깨는 효과를 제공한다고 하겠다.

유럽 기업 역시 장기 성과급 선호

유럽 기업의 경우에도 경영자의 장기 경영 마인드를 고취하고 미래 성과에 연동한 보상을 강화하는 차원에서 장기 성과급제가 강세를 보이고 있다. 유럽의 이동통신 회사 노키아(Nokia)의 CEO의 보상 구조(2007년)를 보면 기본급 11%, 단기 성과급 25%, 장기 성과급 62%, 기타 2%로 구성되어 있어, 장기 성과급 비중이 60% 이상을 차지하는 것으로 나타나고 있다.

ABB의 경우, 일정 기간 후에 회사의 성과에 따라 장기 성과급 금액에 해당하는 주식을 부여하는 주식형 장기 성과급제를 운영하고 있다. 그 주요 특징을 보면, 우선 일정 기간이 지난 후 회사의 성과가 흑자이고, 회사의 성과가 경쟁사 대비 상위 75% 수준 이상일 경우에만 성과급을 지급한다는 원칙을 설정하고 있다. 이때 경영위원회 임원(Group Executive Committee)들의 기본급 총액의 100~150%를 '주식형 보상'으로 활용할 전체 성과급 재원으로 설정하고, 해당 재원 한도 내에서 경쟁사 대비 ABB 주식의 가치, 경영위원회 임원의 재직 기간 등을 고려하여 개인별로 차등 부여하고 있다. 그리고 장기 성과급으로 주식을 부여받은 경영진은 일정 기간 일정 수량의 주식을 의무적으로 보유하게 하고 있다.

바스프(BASF) 역시 이사회 멤버 및 1,000여 명의 시니어 경영진(Senior Executive)을 대상으로 바스프 스톡옵션 프로그램(BOP : BASF Stock Option Program)이라는 장기 성과급제를 운영하고 있다. 이 장기 성과급제의 수혜자가 되려면 시니어 경영진은 자신의 성과급의 10~30%에 해당하는 금액을 바스프 주식으로 구매하여 2년 동안 보유하고 있어야 한다. 통상 스톡옵션은 3년 후에 행사할 수 있으며, 기본적으로 행사 가격과 시가 차이를 현금으로 지급하는 주식평가차액 방식을 주로 사용하지만, 다국적 기업의 특성상 현지 국가의 법적·문화적 차이가 있을 경우, 현물 주식으로 지급할 수 있다.

일본 기업, 경영자 보상에 개혁 바람이 불다

그렇다면 일본 기업의 경영자 보상은 어떻게 변화하고 있을까? 일본 기업들은 전통적으로 전체 보상액 중 고정급인 기본급과 퇴직금 비중이 상당히 높은 수준이다. 2003년 기준으로 볼 때, 전체 보상액 중 기본급과 퇴직금 비중이 전체의 약 90%(각각 68%와 22%)인 반면, 성과급은 약 10%(단기 성과급 8%, 장기 성과급 2%) 수준으로 나타나고 있다.

예를 들어, 사장의 기본급과 퇴직금 평균 비중이 각각 65%, 26%인 반면 단기·장기 성과급 비중은 9%이며, 이사의 기본급과 퇴직금 비중은 각각 69%, 21%인 반면, 단기·장기 성과급 비중은 10% 수준이었다.

이러한 일본 기업에도 경영자 보상에 개혁 바람이 불고 있다. 우선 기본급 측면에서 보면 과거에 근속연수가 기본급을 결정하는 가장 중요한 요인이었으나, 최근에는 담당하는 일의 가치나 역할에 근거하여 기본급을 차등하는 기업이 등장하고 있다.

성과급 측면에서 보면, 과거에는 경영자에게 성과에 따른 보상을 엄격하게 적용하지 않았다. 그러나 최근엔 기업(주주) 가치와 경영자 보상을 연계하여 성과급 비중을 늘리는 모습을 보이고 있다. 예컨대 닛산제강은 퇴직금을 폐지하고 이를 단기 성과급으로, 노무라홀딩스와 일흥코디알증권은 퇴직금을 장기 성과급으로 전환하였으며, NEC는 퇴직금 비중을 줄이는 대신 단기·장기 성과급 비중을 늘린 바 있다.

일본의 대표적 자동차 회사인 도요타(Toyota)의 경우를 보자. 이 회사는 과거엔 기능직과 사무기술직의 임금 체계가 동일했으나, 최근엔 이 두 직군의 임금 체계를 이원화했다. 이와 동시에 기능직은 능력에 따른 보상 차등을 강화하였으며, 사무기술직은 능력 및 성과급 비중을 확대하였다. 퇴직금 역시 기존엔 근속연수에 따라 결정했으나, 능력과 성과에 따라 차별화하는 보상 정책을 전개하고 있다.

이처럼 일본 기업들이 경영자 보상 체계를 개혁하려는 이유는 크게 세 가지다. 첫째, 성과주의 문화 정착이다. 일본 사회에 깊이 자리 잡고 있는 연공서열 의식에서 탈피하여 실력주의, 성과주의 문화를 구현하기 위해서는, 기존의 고정 형태의 보상에서 성과에 따라 보상하는 새로운 보상 제도가 필요하다고 판단했다.

둘째, 중장기적 경영 마인드 함양이다. 즉 3~5년 정도의 중기적 보상이 필요했다는 의미다. 많은 일본 기업들이 산업의 라이프사이클상에서 쇠퇴기에 머무르고 있는 상태에서, 글로벌 경쟁에서 재도약하기 위해서는 구성원들을 더욱 동기부여할 필요가 있으며, 이를 위해서는 3~5년의 중기적 마인드를 고취할 수 있는 보상이 필요했다.

셋째, 성공적인 기업 혁신을 위한 선결 과제로 경영자 보상 제도 선진화는 필수 조건이라고 판단했다. 일본 기업들은 지배구조를 개선하는 등 기업 혁신, 체질 개선 노력을 가속화하고 있는데, 이를 성공적으로 완수하기 위해서는 우선적으로 경영자 처우에 대한 혁신이 필요했다.

경영자 보상에도 철학이 있다

글로벌 기업들은 경영자 보상을 임의적으로 설계·운영하는 것이 아니라, 명확한 원칙과 철학을 가지고 운영한다. 즉 내부적으로 경영자 보상의 기본 철학(Executive Compensation Philosophy) 및 방향(사상)을 명확히 정립하고, 이를 주주와 내부 직원들에게 분명히 커뮤니케이션함으로써 경영자 보상에 대한 명확한 메시지를 전달하고 있다. 글로벌 기업들의 경영자 보상 철학은 기업의 상황에 따라 다소 차이가 있으나 공통적으로 지향하는 경영자 보상 철학을 보면 〈그림 2-2〉와 같다.

〈그림 2-2〉 글로벌 기업의 경영자 보상 철학

주주 관점의 경영 촉진	• 장기적 관점에서 경영 및 주주 가치를 높일 수 있는 보상 지향 : 장기 성과급제 활성화를 통한 주주 이익과 경영자 보상 연계 • 주식형 보상(스톡옵션 등)을 경영자 보상의 중심으로 활용 : 경영자의 회사에 대한 주인의식 고취, 지속적 주주 가치 창출을 위한 동기부여 기대
철저한 성과주의 보상	• 회사 성과에 따른 보상(변동급) 강조 • 개인간 확실한 차등 보상을 통해 개인의 성과나 공헌 인정, 지속적 열정 제고
보상 경쟁력 확보	• 회사 성공에 꼭 필요한 유능한 인재 확보·유지를 위해 보상 경쟁력 확보

자료 : 여러 회사 주총의결서(Proxy Statement) 요약 정리

글로벌 기업들의 경영자 보상 철학은 크게 '주주 관점의 경영 촉진', '철저한 성과주의 보상', '우수 인재 확보·유지를 위한 보상 경쟁력 확보'로 압축할 수 있다. 첫째, 주주 관점의 경영 촉진은 장기적 관점에서 지속적으로 주주 가치를 높일 수 있도록 장기 성과급을 활용하고, 특히 주식

형 보상(Equity-Based Compensation)을 통해 주주와 경영자의 이해를 연결하고자 한다. 이는 회사에 대한 주인 의식을 제고하는 효과가 있다.

둘째, 성과와 보상을 연계하는 보상 철학을 유지한다. 즉 재무 성과, 전략 목표 달성 여부 등에 따라 성과급을 차등 지급하여 개인 성과·공헌을 인정하고 성과주의 경영을 강화하는 것이다.

셋째, 반드시 필요한 유능한 경영자를 확보하고 유지하기 위해 경쟁사에 뒤떨어지지 않을 정도의 보상 경쟁력을 확보해야 한다는 메시지를 전달하고 있다.

이러한 경영자 보상 철학은 주주들에게 공시하는 주총위임장권유신고서(Proxy Statement)에 명기함으로써 대외적으로 회사의 보상 정책을 분명히 전달하고 있다. 몇몇 기업을 예로 들어보자. 코닥의 경영자 보상 철학(이는 사원 보상에도 동일하게 적용)은 ① 성과에 따른 보상을 통해 주주 가치 극대화 및 회사 가치와 정합성 확보, ② 동종업계 경쟁사 대비 경쟁력 있는 보상을 제공하여 우수 인재 확보·유지, ③ 회사의 장·단기 성과간 균형 있는 성장 도모를 보상 철학으로 하고 있다.

화학 회사인 듀폰(DuPont)은 '경쟁사의 동종 포지션에 해당하는 임원과 비교하여 경쟁력 있는 보상을 제공하고, 회사의 사업 목표를 달성하는 사람에게는 최상의 총보상(Total Compensation)을 제공하여 우수 경영자를 확보·유지하는 것'을 경영자 보상 철학으로 정립하고 있다.

IBM은 시장 성공과 산업 리더를 이끌 수 있는 사람, 회사와 주주 가치를 연계하는 사람에게 보상한다는 철학을 기반으로 ① 주주 가치 창출은 물론 IBM의 장단기 성과를 균형 있게 추구하고, ② 최고 성과를 낸 사람에게는 최고 보상을, 그렇지 않은 사람에게는 최하 보상을 지급하며, ③ 경영자가 주주 입장에서 경영하도록 유도한다는 원칙을 수립하고 있다.

투명한 경영자 보상 운영 지향 : 보상위원회

경영 투명성의 요건 중 하나는 이해관계자들에게 기업 활동 및 성과 관련 정보를 투명하게 공시하는 것이다. 공시 대상이 되는 정보에는 여러 가지가 있겠으나 이 중 빠질 수 없는 중요한 한 가지가 바로 경영진의 보상 관련 정보다. 사업과 조직 운영의 중심 축인 경영진을 제대로 평가하고 보상하는가에 대한 정보는 주주의 투자 의사결정에 매우 중요한 영향을 미치기 때문이다.

이에 글로벌 기업들은 경영진의 보상 관련 의사결정을 전담하는 이사회인 '보상위원회(Compensation Committee)'를 통해 주주들에게 경영진 평가 및 보상 관련 정보를 투명하게 공시하고 있다(〈Tip 2 참조〉). 즉 보상위원회는 '경영진 보임과 평가 그리고 보상 등을 결정·관리하는 기구'로서, 경영진의 성과 평가 및 보상을 결정하며, 경영진의 사업 활동을 모니터링하고 개선 사항을 제안하는 역할을 수행한다.

예컨대 제약회사 머크(Merck)는 보상복지위원회(Compensation and Benefits Committee)를 통해 경영진의 보상 요소와 규모, 대상 등을 결정·승인하고 있으며, 코닥은 보상개발위원회에서 500여 경영진의 성과 평가 및 보상에 개입하고 있다. 더하여 주요 포지션의 후계자 육성 활동에 대한 감독과 지원 역할을 하기도 한다. GE 역시 경영개발보상위원회(MDCC : Management Development and Compensation Committee)를 통해 경영자 후계자 선정·육성, 경영자 보상 설계 관련 의사결정을 수행하고 있다.

마이크로소프트의 보상위원회는 회사의 보상 제도를 정기적으로 검토하며, 매년 회사의 보상 전담 부서와 CEO 및 일반 경영자의 성과 평가,

보상을 결정하고 승인하는 기능을 한다. 구체적인 역할은 다음과 같다.

- 이사회가 CEO의 연간 성과 목표를 설정하는 과정에서 지원하는 역할
- CEO의 보상에 대한 제안
- 일반 경영진의 성과 평가 감독 및 보상 승인
- 이사회가 새로운 보상 프로그램·정책 도입 과정에서 감독 및 조언
- 주식형 보상 및 복리후생 제도 운영 감독
- 회사의 주식형 보상 제도하에서 주식 부여 수량 등에 대한 승인

　이러한 보상위원회에서 경영진 보상에 대해 결정하고 나면, 특히 회사의 최고 등기 임원('Top 5' 임원)들에 대한 보상 내역은 사업보고서의 '주총위임장권유신고서'를 통해 주주들에게 공개하도록 의무화하고 있다. 여기에는 최고 등기 임원의 보상 내역뿐만 아니라, 보상위원회 구성, 경영진 보상의 기본 철학, 보상 요소 및 요소별 산정 기준, 경영진의 주식 소유 가이드라인 등을 상세히 기재토록 하고 있다.

　이를 통해 경영진에게 성과와 무관한 보상을 지급하지 않도록 사전에 방지하고 주주 가치를 높이는 방향으로 보상 제도가 설계되어 있는지 주주들이 감시하도록 하고 있다.

　지금까지 글로벌 기업을 중심으로 전반적인 경영자 보상의 동향에 대해 살펴보았다. 다음에는 경영자 보상의 핵심인 기본급, 단기 성과급, 장기 성과급 세 가지 보상 요소를 중심으로 구체적인 주요 특징을 살펴본다.

02 경영자 보상 요소를 설계하라

경영자 보상 요소에는 여러 가지가 있으나, 핵심적인 보상 요소는 기본급과 성과급(단기 및 장기)이라 할 수 있다. 지금부터 글로벌 기업들의 기본급과 성과급 운영 특징을 살펴보고, 우리 기업에 시사하는 점을 찾아본다.

기본급 프랙티스

우선 글로벌 기업들이 경영자의 기본급 정책을 어떻게 실시하는지 살펴보자. 이들의 기본급 정책은 크게 두 가지 유형으로 나누어 볼 수 있다.

첫 번째 유형은 '시장 지향형' 정책이다. 이는 기본적으로 경영자 보상 수준을 경쟁사 또는 동종 업계와 유사한 수준으로 책정하는 유형이다. 우수한 경영자를 영입하거나 이들이 타 회사로 이직하는 것을 방지하기 위해서는, 최소한 업계 수준(또는 그 이상)으로 보상 수준을 맞춰주어야 한다는 사상에 따른 것이다.

예를 들어, 듀폰과 모토로라는 경쟁사와 유사한 기본급 수준, 코카콜라는 경쟁사 대비 3/4 수준, 다우(Dow Chemical)는 비슷한 규모의 다국적 경쟁 기업의 중간 수준으로 기본급 수준을 책정하고 있다. 시장 지향형 유형의 기업들은 보통 1~2년 주기로 동종 산업의 경쟁사 기본급 수준을 모니터링하고 이를 자사의 기본급 인상(률)에 반영하게 된다.

두 번째 유형은 시장의 기본급 수준과 비교하기보다는 조직 내부적으로 경영자가 담당하는 직무 등급(가치), 개인별 역량, 회사에 대한 공헌도, 창출한 재무 성과 등에 따른 기본급 차등에 중점을 두는 '내부 지향형'이다. 이처럼 기본급을 차등하는 목적은 직무와 역량에 기본급을 차등함으로써 보상의 공정성을 제고하고, 이를 통해 사전적 동기부여 효과를 거두기 위함이다.

기본급을 차등하는 내부 기준을 보면, GE는 '과거 성과, 직무 등급, 생산성, 회사 성장률, 고객 가치 창출 수준, 윤리성' 등이며, IBM은 '직무 등급, 사업 성과, 성과(재무적 성과 : 매출·이익 성장률, 비재무적 성과 : 제품 혁신, 고객 만족, 비용 관리, 사업 전략의 실행 수준)' 등이다.

회사 규모와 기본급 수준의 관계

기본급에서 한 가지 주목할 만한 특징은 회사 규모(매출, 총자산 등)가 기본급 수준에 미치는 영향력이 과거에 비해 약해지고 있다는 점이다. 회사 규모가 크면 보상 규모 역시 큰 것이 일반적인 통념이나, 글로벌 기업들의 경우 기본급 수준에서는 큰 차이가 없다. 오히려 회사 규모는 성과급 등에 더 큰 영향을 미친다. 실제로 머피(Murphy)라는 학자의 연구에 따르면, 회사 규모와 경영자 보상 규모의 상관관계가 낮아지는 추세라고 한다.

예컨대 금융 산업의 경우, 1970년대 회사 규모와 경영자 보상의 상관 관계는 .30이었으나 1990년대에는 .09로 줄었으며, 제조 산업 역시 1950년대 .32에서 1990년대 중반에는 .22~.26 정도로 상관관계가 줄어들었다고 한다. 이러한 현상은 회사 규모가 경영자의 역량·기술·리더십 등을 제대로 대변하지 못할뿐더러, 나이, 경험, 교육 수준, 성과 등 다양한 요인의 영향을 받기 때문에, 일률적으로 회사 규모가 크다고 해서 기본급을 높게 지급할 수는 없다고 보기 때문이다.

단기 성과급 프랙티스

성과급은 과거(지난 1년)의 성과에 대한 보상으로서, 성과급을 결정하는 메커니즘은 크게 네 가지 유형으로 나뉜다(〈그림 2-3 참조〉). 성과급 결정 단위가 조직이냐 개인이냐, 그리고 성과급 결정 방식이 목표 달성 방식이냐, 절대 이익 공유 방식이냐에 따라 네 가지 유형으로 구분한다.

우선 회사의 성과와 관계 없이 경영자 개인별로 성과 목표를 설정하고, 그 달성 정도에 따라 성과급을 결정하는 방식은 '개인 목표 달성 연계형'에 해당한다. 이는 경영자 개인별로 목표를 100% 달성할 경우에 받을 수 있는 성과급 금액(이를 타깃이라 함)을 설정하고, 실제 달성도에 따라 가감하여 지급하는 방식이다.

예컨대 목표를 100% 달성할 경우의 타깃 성과급 금액이 '연봉의 30%'라고 할 때, 목표를 80% 달성하면 타깃 성과급 금액(연봉의 30%)의 80%를, 목표를 120% 달성하면 타깃 성과급 금액(연봉의 30%)의 120%를 지급하는 방식이다. 이때 타깃 성과급 금액은 직급이나 직군에 따라 차별적으로 적용할 수 있다. 예컨대 연봉을 기준으로 사장급은 40%, 부사장급은 30%, 상무급은 20% 또는 사업직군은 40%, 기능직군은 30% 등으로 차등 적용할 수 있다.

한편 회사의 성과(절대 이익)를 고려하여 경영자들에게 분배할 성과급 재원(Pool)을 먼저 결정하고, 그 안에서 개인별 목표 달성 정도를 고려하여 배분하는 방식은 '집단 절대 이익 공유형'에 속한다.

예컨대 경제적 부가가치(EVA : Economic Value Added), 영업 이익 등 이익 지표를 기준으로 일정 이익 이상으로 성과가 나면, 그의 일정 비율을 경영자들이 공유(Share)하는 방식으로, 경영자들이 공유한 성과급 재원은 '영업 이익의 3%' 등과 같이 결정된다. 그 후에 해당 성과급 재원 안에서 경영자 개인별 성과 평가 결과에 따라 분배하는 방식이다.

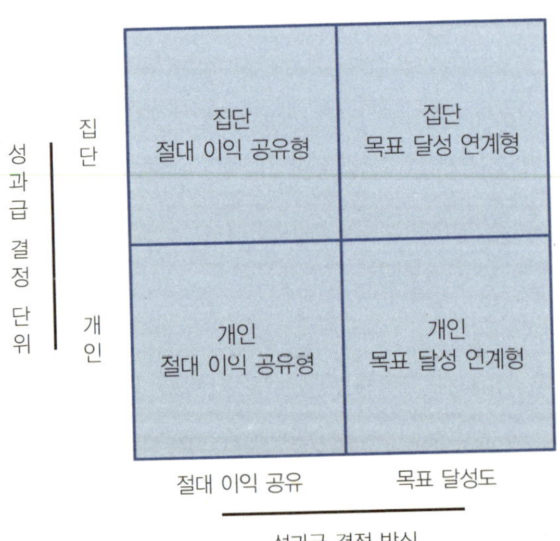

〈그림 2-3〉 성과급 결정 메커니즘

이들 네 가지 유형은 각기 장점과 단점이 있기 때문에 어느 것이 반드시 우월하다고 말할 수는 없다. 여기에서는 집단과 개인 단위의 성과급을 살펴본다.

우선 집단 성과급의 가장 큰 효과는 조직의 성과가 있어야 개인이 성과급을 받을 수 있기 때문에 개인들이 조직의 성공 관점에서 협력하고 의사결정하도록 유도하는 효과가 있다. 즉 '조직이 성공해야 개인도 성공할 수 있다'는 공동체적 사고를 심어줄 뿐만 아니라, 조직에 대한 주인의식(Ownership)을 고취하는 효과도 있다.

그러나 단점도 있다. 조직의 성과가 좋지 않더라도 해당 조직 내에 우수한 성과를 내는 개인이 있을 수 있는데, 이에 대한 개별적 보상이 어렵다는 것이다. 즉 개인이 아무리 노력하고 성과를 내도 조직이 성과에 미달하여 성과급 재원을 받지 못하면 성과급을 받을 수 없다는 의미다. 이 경우 개인의 동기부여 면에서는 다소 한계가 있는 방식이다.

다음으로 개인 성과급의 경우 개인의 동기부여에 매우 강력한 효과가 있다. 예컨대 개인별로 노력하여 성과를 낸 만큼 보상을 받기 때문에 '내가 노력하여 성과를 내면 보상받을 수 있다'는 보상 기대감을 높이는 데 매우 효과적이다. 반면 단점으로는 집단의 성과와는 관계없이 개인의 성과만을 위해 노력하는 '이기주의'가 싹틀 수 있다. 또 개인별 성과 목표를 명확하게 설정하기 힘든 개인의 경우 개인별 성과급제를 적용하기 어렵다. 예컨대 재경·전략·인사 등 스태프 부서나 팀제로 운영되는 부서의 경우 개인별 성과 목표를 명확히 설정하기 어렵기 때문에 개인별 성과급제를 적용하기 어려운 점이 있다.

글로벌 기업들의 경우, 경영자의 성과급은 개인별로 성과 목표를 명확히 설정하고, 그 달성 정도에 따라 성과급을 지급하는 '개인 목표 달성 연계형' 방식을 많이 사용하는 편이다. 이는 경영자의 중요한 역할 가운데 하나가 기업의 성과 목표 달성으로서, 경영자 개인별로 성과 목표를 명확하게 제시하는 것이 중요하기 때문이다.

개개인의 성과 목표를 부여하기보다는 회사 전체의 성과에 좌우하여 개인별 성과급을 결정하게 되면, 경영자 개인의 목표 의식이 약해지고, '성과를 얼마만큼 내면 보상을 얼마 받을 수 있다'는 보상의 예측 가능성이 현저히 저하되기 때문에, 집단·이익 공유 메커니즘보다는 개인·목표 달성 메커니즘을 많이 사용한다.

실제로 미국의 조사 기관인 기업 리더십 연구(Corporate Leadership Council)의 조사 결과에 따르면, 성과급 결정 단위는 회사, 사업부, 부서, 개인의 성과를 적용하는 비율이 20%, 18%, 3%, 59%로, 단기 성과급 결정 기준으로 개인 성과 비중이 높게 나타남을 알 수 있다.

이러한 경영자 개인의 성과에 연동한 성과급(개인 목표 달성 연계형)의 대표적인 예로서 '타깃 인센티브(Target Incentive)'를 들 수 있다. 타깃 인센티브는 개인별로 성과 목표를 설정하고, 그것을 달성(100% 달성 기준)했을 때 지급할 성과급 금액(이를 타깃이라 함)을 사전에 설정한 뒤, 실제 성과 목표 달성도에 따라 차등 지급하는 방식이다. 즉 개인별 성과급 금액은 '개인별 성과급 타깃×목표 달성도에 따른 지급률'이 된다.

직위별을 예로 보면, 상무급은 연봉의 20%, 부사장은 연봉의 30%, 사장은 연봉의 50%를 성과 목표 달성시 지급할 성과급 타깃으로 설정할 수 있다.

그리고 목표 달성도에 따른 지급률을 예로 들어보면, 목표를 100% 달성했을 때는 타깃 성과급의 100% 지급, 120% 달성했을 때에는 120% 지급, 150% 달성했을 때는 150% 지급 등으로 지급률을 설정할 수 있다.

종합적으로 보면, 연봉을 1억 원 받는 상무가 성과 목표를 120% 달성했다고 가정할 경우, 성과급 금액은 2,400만 원(=1억×120%×1.2)이다(〈그림 2-4 참조〉).

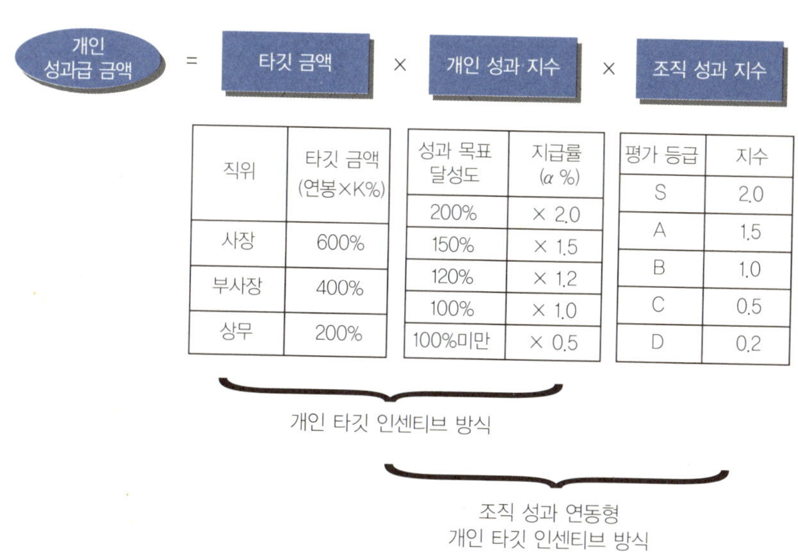

〈그림 2-4〉 타깃 인센티브의 예

직위	타깃 금액 (연봉×K%)
사장	600%
부사장	400%
상무	200%

성과 목표 달성도	지급률 (α %)
200%	× 2.0
150%	× 1.5
120%	× 1.2
100%	× 1.0
100%미만	× 0.5

평가 등급	지수
S	2.0
A	1.5
B	1.0
C	0.5
D	0.2

이러한 개인별 성과에 연동한 성과급제의 예를 두 가지만 제시하면 다음과 같다.

• 다우(Dow Chemical)의 경우

개인 성과급 = '개인별 성과급 타깃×목표 달성도에 따른 지급률'

- 개인별 성과급 타깃 : 연봉의 6~20% 수준
- 목표 달성에 따른 지급률 : 0(목표 미달)~200%(목표

최대 달성)

- 경제적 이익(EVA)(50%), 전략지표(50%) 2개 가중치 고려 평가

• 휴렛팩커드의 경우

개인 성과급 = '개인별 성과급 타깃×목표 달성도에 따른 지급률'

- 개인별 성과급 타깃 : 일정 금액 설정
- 목표 달성에 따른 지급률 : 0(목표 미달)~300%(목표 최대 달성)
- 매출(40%), 순이익(40%), 고객경험(Total Customer Experience)(20%) 세 가지 성과 지표의 가중치 고려 평가

개인과 조직 성과의 균형적 조화 추구

글로벌 기업들이 경영자 개인별 성과 목표 달성 정도에 따라 성과급을 지급하기는 하나, 회사(조직)의 성과를 완전히 배제하는 것은 아니다. 일정의 가중치를 두어 회사 전체의 성과도 반영한다(〈그림 2-4 참조〉). 즉 '회사가 성과를 못 내면, 개인이 성과를 아무리 많이 내도 성과급을 많이 받기 어렵다'는 시그널을 주는 것이다.

이를 통해 경영자들이 자신이 맡은 사업·직무를 충실히 수행하는 것도 중요하지만, 사업·조직이 협력하고 팀워크를 이루면서 회사 전체의 성과 목표를 달성하는 것도 중요함을 강조하는 것이다.

〈그림 2-5〉는 존슨앤드존슨의 단기 성과급 산정 방식이다. 우선 개별

경영자의 성과급 금액은 개인의 성과 지수에 따라 0~200%까지 결정된다. 그러나 그 금액은 조직 성과 지수와 연동하게 된다. 즉 조직 전체의 성과가 좋지 않으면 75% 가중치를, 조직 성과가 좋으면 125% 가중치를 부여하여 조직의 성과가 좋아야 개인 역시 성과급을 많이 받을 수 있는 성과급 구조를 운영하고 있다.

<그림 2-5> 존슨앤드존슨 단기 성과급 산정 방식

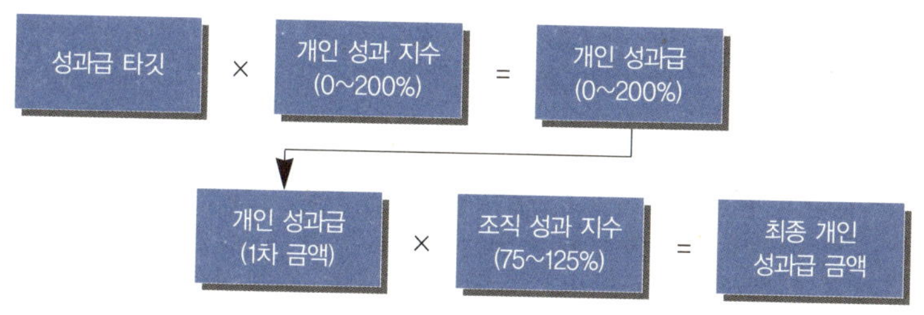

인텔(Intel) 역시 성과급 산정시 개인과 조직 성과의 균형을 추구한다. 우선 시장 · 경쟁 성과에 비춰볼 때 회사 성과를 먼저 고려하여 회사 지수(가중치)를 산정하고, 이를 개인 성과에 연동하여 경영자 개인별 성과급을 산출한다(<그림 2-6 참조>). 이때 운영 측면의 성과 요인(Operational Component)은 재무 성과가 아닌 정성적 성과 지표로서 인텔의 전략 달성에 중요한 지표가 된다. 예컨대 차세대 제품 개발 정도, 제품 브랜드 강화, 인건비 · 비용 관리, 프로세스 기술 진척도 등이 이에 해당한다.

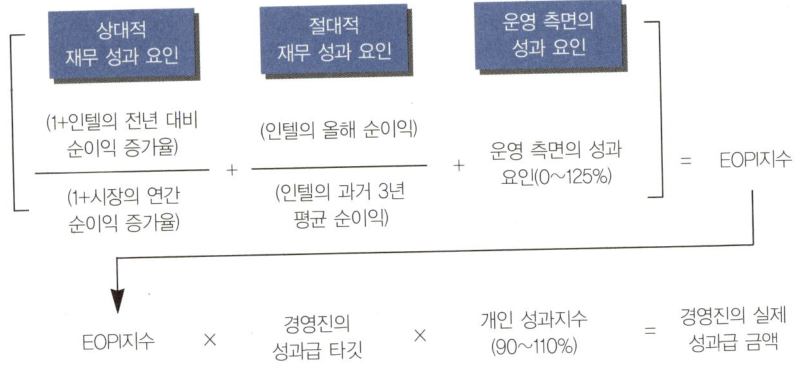

〈그림 2-6〉 인텔의 단기 성과급 산정 방식

재무 성과와 비재무적 성과 지표의 균형

단기 성과를 평가하는 잣대는 크게 두 가지로 구분할 수 있다. 매출, 영업 이익 등과 같은 재무적 성과 지표(정량화가 가능한 성과 지표)와 조직 역량, 전략 실천도 등과 같이 재무적 성과에 간접적으로 영향을 미치는 비재무적 지표(일반적으로 정량화가 불가능한 지표)이다. 글로벌 기업의 경우, 경영자의 성과 지표로 이 두 가지를 병행한다. 재무적 지표만 강조할 경우, 경영자가 한 해 한 해의 실적만을 쫓기 위해 미래 사업을 위한 준비(고객 만족도, 선행 연구개발 투자, 인력 개발 등)를 소홀히 할 수 있기 때문이다. 즉 '미래를 희생한, 기업의 건강성을 훼손한 단기 성과는 지양한다' 는 사상이다. 또 경영자가 창출한 재무적 성과가 건강한 성과인지를 판단하기 위해서는, 재무적 성과를 내기 위해 한 해 동안 어떠한 경영을 해왔는지 살펴봐야 하기 때문이다.

재무적 지표로는 '자본 비용, 경제적 부가가치, 매출·수익 성장률, 시장 점유율 성장률, 인당 생산성, ROI, EPS, 운전자본 수익률' 등이 주로 활용된다. 반면, 비재무적 지표로는 '리더십, 인력 육성, 고객 만족·비용 관리, 사업 전략 실행력' 등이 활용될 수 있다(〈그림 2-7〉 참조).

〈그림 2-7〉 비재무적 성과 지표의 예시

듀폰	시스코	IBM	펩시코	아메리칸 익스프레스
작업 환경 전략적 인력 배치 인재 육성 등	사업 기여도 고객 만족 경쟁사 대비 시장 점유율	품질 고객 만족 비용 관리 사업 전략 실행력	전략 계획 조직 및 인력 개발 리더십	혁신 비전 창출 고객 만족 인재 육성 성실성

장기 성과급 프랙티스

장기 성과급은 글로벌 기업들이 경영자 보상의 핵심으로 삼고 있다. 통상적으로 경영자의 경우 100%, 관리자 계층은 약 60%, 전문가 집단은 약 30%, 사원 계층은 약 13% 정도가 장기 성과급을 적용받는다고 한다(Mercer, 2003, Mercer 2003 Long-Term Incentive and Equity Practice Survey). 이렇듯 경영자를 대상으로 장기 성과급제를 활용하는 이유는 무엇일까?

우선 미래의 성과와 보상 수준을 연계하는 장기 성과급제를 통해 중장기적 경영 마인드를 촉진하겠다는 사상이다. 기본급이나 복리후생 등과 같은 고정급이나 1년 단위로 지급하는 단기 성과급은 구성원의 중장기적 마인드를 고취하는 데 한계가 있을 수밖에 없다.

특히 매년 주주들의 의사에 따라 연임 여부가 결정되는 전문 경영인들의 경우, 회사의 장기 경영 성과 극대화보다는 재임을 위해 단기 성과 제고에 초점을 둔 경영 활동에 치중할 확률이 높다. 따라서 일정 시간이 지난 후 성과가 나타나는 연구 개발 투자나 인재 개발 등 중장기적 전략 결정을 소홀히 할 우려가 있다. 장기 보상 제도는 경영진이 의사결정한 사항에 대해 퇴임 후 성과가 나타나더라도 보상을 받을 수 있게 함으로써 중장기적으로 중요한 전략적 의사결정을 촉진할 수 있다.

또 장기 성과급제는 핵심 포지션을 담당하는 우수한 경영자를 확보하고 유지하기 위한 매력적인 수단이다. 특히 이러한 포지션의 경우 성과가 단기간에 나타나기 어려우나, 그 성과의 파급 효과가 매우 크다는 점에서 경영자를 장기적으로 동기부여할 수 있는 장기 성과급이 더욱 효과적이다. 우수 경영자에게 미래의 보상 기대치를 높여줌으로써 이직률도 낮출 수 있다.

스톡옵션이 대세다

장기 성과급제의 여러 유형 중에서 스톡옵션 유형이 가장 많이 활용되고 있다. 미국의 250개 기업을 대상으로 한 조사(2007년)를 보면, 스톡옵션을 사용하는 기업의 비중이 다소 감소하긴 했으나 여전히 가장 많이 활용하는 것으로 나타나고 있다. 또 보상의 실제 금액 구성 면에서도, 경영자가 받는 장기 성과급의 60% 이상이 스톡옵션인 것으로 나타나고 있다(〈그림 2-8 참조〉).

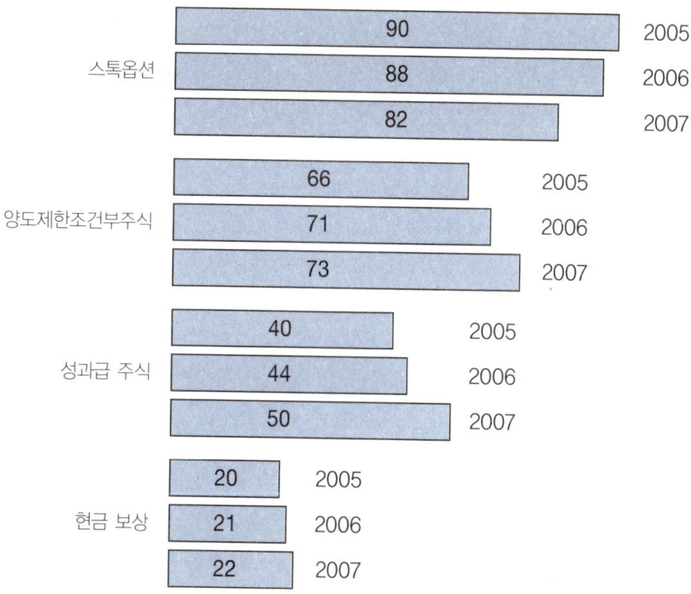

자료 : The 2007 Top 250 : Long-Term Incentive Grant Practices for Executives, Frederic W. Cook & Co., Inc. 2007, 250 largest U.S. companies in the Standard & Poor's 500 Index 대상

스톡옵션은 일정 기간 후 사전에 설정된 가격(행사 가격)으로 자사 주식을 매입할 수 있는 권한을 부여하는 보상 방식이다. 이를 주식매수선택권이라고도 한다(〈그림 2-9 참조〉). 여기서 예를 들어 스톡옵션의 부여 시점, 행사 시점, 매각 시점의 시가가 각각 2만 원, 5만 원, 7만 원이고, 행사 가격은 부여 시점의 시가인 2만 원이라고 가정하자. 스톡옵션을 부여받은 임직원은 행사 시점의 회사 주식의 시가가 5만 원이므로 행사 가격 2만 원을 회사에 납입하고 주식을 취득하면 3만 원의 이득이 생긴다.

옵션을 행사하여 주식을 취득한 사람은 추후 본인의 결정에 따라 주식을 매각할 수도 있다. 그럴 경우에는 주가가 7만 원이기 때문에 추가적인 2만 원의 이득이 있게 되어 총이득은 5만 원이 된다. 이처럼 경영진은 미래의 일정 시점에서 주가가 상승할수록 주식 매매에 따른 차익을 더 많이 얻을 수 있기 때문에 스톡옵션은 미래의 기업 성과와 주주 가치 제고를 위한 강력한 동기부여 수단이 될 수 있다.

<그림 2-9> 스톡옵션의 개념

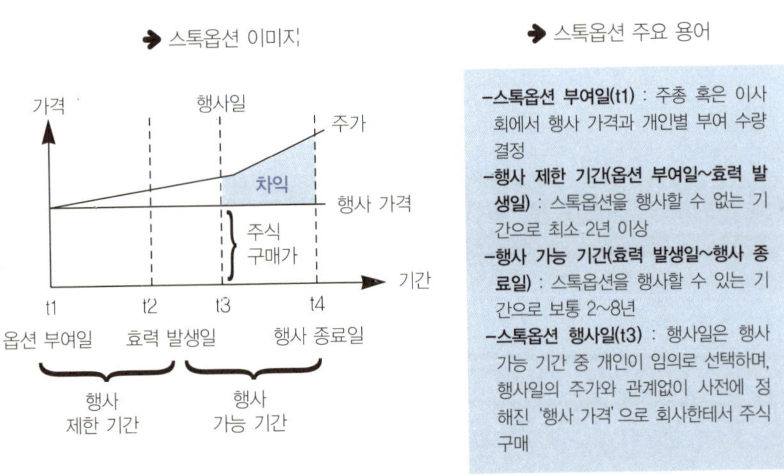

스톡옵션은 양도제한조건부주식 방식에 비해 몇 가지 점에서 차이가 있다. 우선 양도제한조건부주식은 주식을 직접 지급하는 반면, 스톡옵션은 주식을 매입할 권리, 즉 옵션을 부여한다는 점에서 차이가 있다. 따라서 스톡옵션의 경우에는, 수혜자가 주식을 직접 사고 파는 매매행위를 해야 하는 반면, 양도제한조건부주식은 그러한 매매 행위가 없다.

스톡옵션의 경우, 주가가 행사 가격 이하로 하락하면 옵션을 행사하지 못함에 따라 보상을 얻을 수 없는 반면, 양도제한조건부주식은 주가가 하락해도 주식의 시가(Markert Value)에 해당하는 만큼을 보상으로 얻을 수 있다는 특징이 있다. 즉 스톡옵션에서 보상의 크기는 '주식 시가-행사 가격'이지만, 양도제한조건부주식에서는 '주식 시가' 자체가 수혜자가 얻을 수 있는 보상의 크기가 되는 셈이다.

왜 스톡옵션인가

이처럼 글로벌 기업들이 스톡옵션을 중심으로 한 장기 성과급제를 많이 활용하는 배경은 크게 다음 네 가지로 요약할 수 있다.

첫째, 주주 가치와 경영자 보상의 연계 필요성이 제기되고 있다는 점이다. 주주의 영향력이 어느 나라보다 강한 미국의 경우, 주주 가치를 높이지 않고는 경영자의 보상 및 신분 보장이 힘들어지면서, 주주 가치 제고를 위해서는 주주와 경영자의 이해를 일치시키고, 장·단기 성과의 균형을 추구할 수 있는 보상 시스템이 필요하다고 판단한 것이다.

물론 소유와 경영이 분리되기 이전에는 주주이면서 동시에 경영자인 소유 경영인이 기업의 가치를 증대함으로써 동시에 자신의 부도 극대화할 수 있었다. 그러나 기업의 규모가 커지고 소유와 경영이 분리되면서, 기업의 소유주가 아닌 경영자들은 그들의 전문 지식과 기업의 자원을 이용하여 기업 가치를 극대화하기보다는 자신의 경제적 이해를 극대화하기 위해 노력할 위험이 발생했다. 따라서 주주는 대리인들이 주인 의식을 가지고 기업 가치 증대를 위해 노력하도록 동기부여할 필요가 생긴 것이다.

이처럼 스톡옵션 제도는 주주와 경영자의 이해를 일치시켜, 이들이 주주와 같은 주인 의식을 가지고 경영할 수 있도록 독려하는 작용을 한다. 주인은 아니지만 마치 주인이 경영하듯이 적절한 수준의 리스크(Risk)를 부담하면서 기업의 장기적 성과 증대를 위해 노력하게 만드는 것이다.

둘째, 스톡옵션은 '위험이 높을수록 보상도 많아진다(High Risk, High Return)'는 보상 철학을 견지하고 있다는 점이다. 즉 스톡옵션은 미래의 주가 상승 여부(또는 상승폭)에 따라 보상이 전혀 없거나 또는 매우 높은 보상을 받을 수 있는 제도인데, 이러한 특성을 통해 기업 성장을 위한 경영진의 새로운 사업 도전과 기업가 정신 발휘 등을 촉진하고, 성공했을 때 보상을 많이 지급하는 방식으로 활용하고 있다.

셋째, 비용 처리와 관련하여 회계 처리상 이점이 있다는 점이다. 미국의 경우, 지금까지 회계 규정상 스톡옵션을 비용으로 처리하게 하는 강제화된 규제가 없었기 때문에, 기업 입장에서 손쉽게 활용 가능한 면이 적지 않았다. 당장 경영자 보상액이 인건비로 지출되지 않기 때문에 부담이 적었던 것이다. 즉 다른 성과급과 달리 현금이 아닌 주식 매수 권한만을 부여함으로써 기업의 현금 지급 부담을 줄이면서도 적은 비용으로 장기 성과 달성에 대한 경영진의 동기부여가 가능했다는 이점이 있었다.

넷째, 우수 인재 확보 및 유지에 유리한 제도라는 점이다. 우수 인재의 기업간 이동이 많은 미국 노동 시장의 특성 역시 스톡옵션의 확산을 촉진하는 요인이다. 스톡옵션은 미래 주가 상승에 대한 기대감을 높여 외부의 우수 인재를 유인할 수 있을뿐더러, 실제 옵션을 행사하기까지 걸리는 시간만큼 우수 인재를 유지하는 데도 기여하고 있다. 이러한 이유로 사업 초기에 보상 자금이 충분하지 않은 벤처기업에서 많이 활용되곤 한다.

일본 기업의 스톡옵션 동향

미국 기업에 비해 장기 성과급 제도의 도입 규모나 금액 면에서 미약하지만, 일본 기업 역시 스톡옵션이 확산되는 추세다. 1997년 상법 개정 이후, 2003년 일본 상장 기업 중 약 30%가 스톡옵션을 도입하여 운영하고 있다. 특히 전자 업체를 중심으로 최근 스톡옵션 도입이 활발하다. 소니(Sony)는 경영진 및 핵심 사원 600여 명을 대상으로 스톡옵션을 부여하고 있고, 히다치(Hitachi)는 약 90명의 경영진을 대상으로 부여하고 있다.

소비재 · 화학제품 · 화장품 등을 생산하는 카오(Kao Corporation)는 2001년 6월 본사 경영진(Director)을 대상으로 스톡옵션을 도입하였다. 회사의 보통주 16만 8,000주를 행사 유예 기간 2년, 행사 가능 기간 5년으로 하여 부여한 것이다. 이후 2002년 6월 본사 임원 및 구성원, 자회사를 대상으로 스톡옵션을 확대 · 적용하였는데, 보통주 54만 주를 지급하였다.

미쓰비시(Mitsubishi) 역시 본사의 이사 및 경영진을 대상으로 스톡옵션 제도를 도입하였다. 행사 제한 기간 23개월, 행사 가능 기간 8년으로 설계하였으며, 2002년부터 세 차례에 걸쳐 옵션을 부여하였다.

이러한 일본의 스톡옵션 활성화 배경에는 앞서 언급한 바와 같이 상법 개정이 있다. 1997년 스톡옵션에 대한 제약 조항이 해지되었으며, 2001년에는 부여 주식수를 제한하는 조항이 철폐되고 부여 대상자를 확대하는 조항이 신설되었다. 또 회사의 주가에 민감한 외국인과 기관투자자의 일본 기업 주식 보유 증가에 따라 주주 가치 중시 경영의 필요성이 강조되는 것도 스톡옵션과 같은 주식형 보상이 활성화되고 있는 배경이다.

주춤하는 스톡옵션

그러나 2002년 마이크로소프트가 스톡옵션을 전면 폐지한다고 발표한 이후, 미국 기업들 사이에서 스톡옵션에 대한 회의가 일어나고 있다. 그렇다면 벤처기업으로서 스톡옵션을 발판 삼아 그동안 성공해온 마이크로소프트가 이를 폐지하게 된 이유는 무엇일까? 우선 성장에서 안정 지향적 전략으로 전환한 것을 들 수 있다. IT산업의 성숙화에 따라 최근 3년간 주식 시장이 불황에 접어들면서 스톡옵션의 실질적 보상 효과가 희석되었다. 그 결과 임직원에게 옵션으로 부여된 주식 중 79%가 현 주가보다 낮아 옵션을 행사하지 못하는 현상까지 초래되었다.

또 창업기에 입사한 구성원과 최근 입사한 구성원의 임금 수준의 형평성 문제가 대두되었다. 초창기에 스톡옵션을 통해 상당한 부를 거머쥔 구성원들은 이미 많은 경제적 부를 얻었기 때문에 회사를 나가는 반면, 최근 입사한 사람들은 주가가 상승하지 않아 스톡옵션에 따른 보상을 받지 못하면서, 구성원끼리 보상의 형평성 문제가 발생하였다.

마지막으로 변질되어가는 스톡옵션을 대체할 수 있는 새로운 보상 제도에 대한 주주들의 요구가 증가하였다. 즉 주주들은 주가 상승시 경영자나 구성원에게 너무 많은 이익이 돌아가 상대적으로 주주 이익이 감소한다고 생각하여 불만을 토로하였다. 이러한 이유로 2003년 7월 스톡옵션을 폐지하고, 9월부터 주식으로 직접 보상하는 양도제한조건부주식 제도를 도입하겠다고 발표하였다.

이는 비단 마이크로소프트의 문제만은 아니다. 실적이 부진한 경영진에 대한 과다 스톡옵션 보상, 월드컴, 엔론 등 대기업들의 대규모 회계 부정 등의 사건이 터지면서 스톡옵션에 대한 사회적 비판이 증가한 것도 한

이유이다. 경제전문지 〈이코노미스트(Economist)〉에 따르면, 연봉을 수
백만 달러 받고 있는 경영자들이 기업 성과 제고 측면에서 제 역할을 하지
못한다고 한다.

미국의 보상 전문 컨설팅사인 펄메이어앤드파트너스(2005년)에 따르
면, 미국 CEO들이 성과와 관계없이 보수를 너무 많이 챙긴다고 지적하고
있다. 메릴린치(Merrill Lynch), 골드만삭스(Goldman Sach), 모건 스탠
리(Morgan Stanley) 등 증권사 CEO들의 지난해 연봉이 전년보다 평균
33% 상승한 반면, 기업 주가는 평균 4.7% 상승하는 데 그쳤다고 한다.
얼마 전 실적 부진으로 퇴임한 휴렛팩커드의 전임 CEO 칼리 피오리나 역
시 스톡옵션 등으로 지난 5년 반 동안 거둬들인 수입은 무려 1억 8,800만
달러(약 2,000억 원)에 달한다고 한다.

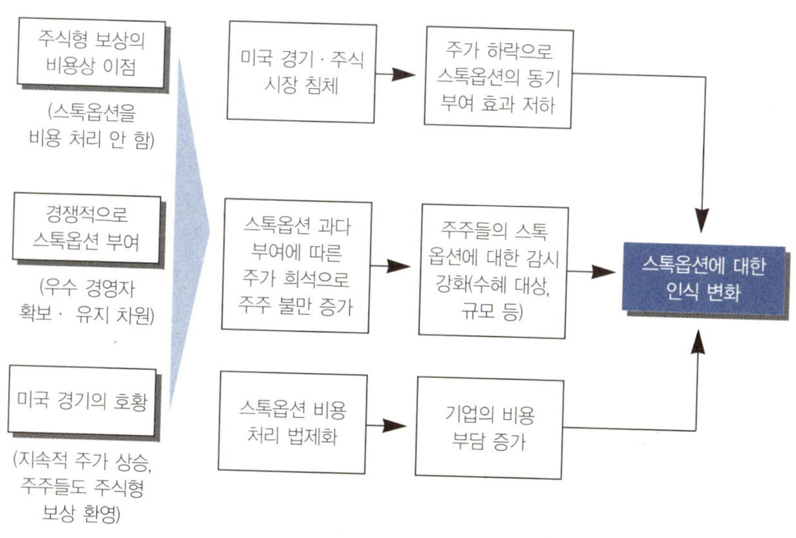

〈그림 2-10〉 최근 미국 기업들의 스톡옵션에 대한 인식 변화

　종합해보면, 최근 스톡옵션의 과다 부여에 따른 주식 가치 희석에 대한
주주들의 불만 증가, 성과와 관계없는 막대한 경영자 보상에 대한 비난,
스톡옵션 부여 대상이나 규모에 대한 주주들의 감시 체제 강화 등으로 스
톡옵션 활용이 다소 위축되는 모습을 보이고 있다고 할 수 있다. 스톡옵션
이 위축되는 이유를 좀 더 자세히 살펴보자(《그림 2-10 참조》).

① 스톡옵션의 비용 처리화

　스톡옵션이 위축되는 가장 큰 이유는 스톡옵션의 비용 처리 때문이다.
미국 금융회계기준(FASB : Financial Accounting Standards Board)은 스
톡옵션을 비용으로 처리하는 새 회계기준을 공개했다. 즉 스톡옵션을 비
용으로 처리함에 따라, 기업의 보상 비용 부담이 증가하고 수익이 낮아지
기 때문에 이전에 비해 쉽게 많은 양의 스톡옵션을 부여할 수 없게 된 것
이다.

② 주식 시장 침체

　미국 경기 불황에 따른 주식 시장 침체를 스톡옵션이 위축되는 원인으
로 들 수 있다. 2001년부터 미국 증시가 침체하면서 주가가 하락하거나
장기간 큰 변동이 없기 때문에 상당수 사람들이 옵션을 행사하지 못하게
되었다. 이에 따라 스톡옵션이 동기부여 기능을 제대로 하지 못한 것이다.
더욱이 성장 산업과 달리 단기간에 주가 상승을 기대하기 어려운 성숙 사
업에서 스톡옵션의 보상 효과는 더욱 낮을 수밖에 없다는 점도 스톡옵션
의 매력도가 감소하는 원인 가운데 하나다.

③ 주주의 감시 강화

그동안 많은 기업들이 스톡옵션을 경쟁적으로 부여한 결과, 주당순이익(EPS : Earning Per Share) 저하나 주주들의 주식 배당 감소 등 기존 주주 가치가 낮아지는 부작용을 초래하였다. 또 단기적 이익을 위해 주가 조작 같은 경영진의 비윤리적 행동을 초래하는 결과도 낳았다. 이에 따라 주주들은 스톡옵션 부여 규모나 대상자 등 경영진 보상에 대한 투명한 공개를 요구하는 등 감시가 강화되었으며, 이것이 스톡옵션 활용을 제약하는 요인으로 작용하고 있다.

이러한 환경적 원인 외에, 더 본질적으로는 스톡옵션 제도가 보유하고 있는 몇 가지 부작용 때문에 기업들의 스톡옵션에 대한 회의감이 증가하고 있다고 볼 수 있다.

첫째, 회계·주가 조작 같은 모럴해저드(Moral Hazard)다. 엔론과 월드컴 사례에서 볼 수 있듯이, 스톡옵션을 부여받은 경영자가 자신의 스톡옵션 행사 시기에 주가 상승에 따른 보상을 늘리기 위해 주가를 조작하는 등 '한탕주의' 부작용을 초래할 수 있다는 점을 들 수 있다. 즉 회계 조직, 단기 실적 부풀리기 등 비윤리적 경영이 스톡옵션의 문제점으로 부각된 것이다.

둘째, 무임 승차(Free Riding)를 들 수 있다. 경영자가 이뤄낸 실적과 관계없이 주식 시장의 호황에 따라 실제 회사 성과와 무관하게 주가가 상승할 경우, 무임 승차와 같이 많은 보상을 얻을 가능성이 높다는 우려가 있다.

셋째, 보상의 불확실성이다. 즉 스톡옵션은 행사 시점의 주가가 부여 시점에 약정한 주가보다 낮을 경우 옵션을 행사하지 못하게 된다. 이 경우, 경영자 입장에서는 실질적으로 보상을 받을 수 없다. 따라서 3년, 5년 이후에 보상을 받을 수 있는가에 대한 보상의 불확실성이 있기 때문에 스톡옵션의 동기부여 수단 효과가 저하될 수 있다. 특히 장기적으로 주식 시장이 침체되거나 산업이 성숙기에 접어들어 주가가 상승할 여지가 적은 경우 스톡옵션의 동기부여 효과는 줄어들게 된다.

마지막으로 주주 이익 침해 우려다. 경영진에게 스톡옵션을 과다하게 부여하는 기업들이 많은데, 이 경우 주식 수 증가에 따른 주당순이익이나 주주 배당의 감소로 주주 이익이 줄어들 우려가 있다.

새로운 패턴의 장기 성과급제 확산

스톡옵션에 대한 기업과 사회적 인식 변화에 따라 일부 기업들에서는 스톡옵션 부여 대상 및 옵션 부여 규모를 축소하려는 움직임이 일어나고 있다. 한편으로는 스톡옵션을 대체하는 새로운 유형의 장기 성과급제가 확산되고 있다. 마이크로소프트는 스톡옵션을 양도조건부주식으로 전환하면서, 임직원들이 5년간 주식 보유 후 매각하는 방식을 취하고 있다. 또 약 600명의 고위 임원에 대해서는 성과와 연동하여 주식을 차등 지급하는 방식으로 장기 성과급 제도를 개편하였다.

미국 증권거래위원회가 스톡옵션을 비용으로 처리해 기업의 회계 처리 비용이 늘고, 소액주주들의 기업 가치 하락에 대한 우려가 늘면서 직원들을 대상으로 한 스톡옵션을 줄이거나 폐지하는 기업 역시 증가하고 있다. 찰스슈왑(Charles Schwab), 코닥 등 다른 기업들도 스톡옵션 제도를 없애거나 규모를 크게 줄인 바 있다. 그러나 스톡옵션 축소 현황을 보면, 경영자보다는 사원 계층을 중심으로 줄이는 모습을 보이고 있다. 경영자에 대해서는 부여 규모와 대상을 축소하기는 하나, 여전히 장기 성과급 수단으로 중심 축으로 활용하는 것이 전반적인 분위기다.

한편 스톡옵션 대신 양도제한조건부주식, 성과급주식, 현금 보상 등 주가와 연동하지 않는 다른 유형의 장기 성과급제를 도입하는 기업이 증가하고 있다(〈그림 2-11 참조〉). 미국 CEO의 장기 성과급 구성 비중을 보면, 스톡옵션은 2002년 76%에서 2006년 53%로 감소한 반면, 양도제한조건부주식은 16%에서 19%, 성과급 주식·현금 보상은 8%에서 28%로 증가한 것으로 나타나고 있다.

〈그림 2-11〉 CEO의 장기 성과급 보상 중 요소별 비중

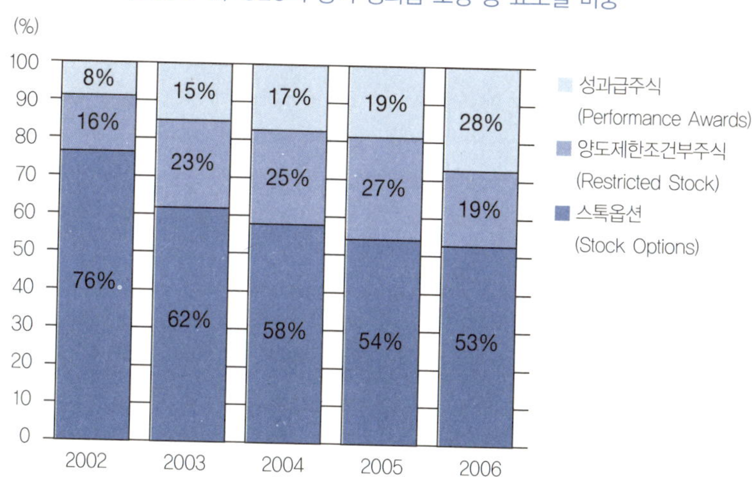

자료 : The 2007 Top 250 : Long-Term Incentive Grant Practices for Executives, Frederic W. Cook & Co., Inc. 2007, 250 largest U.S. companies in the Standard & Poor's 500 Index 대상

특히 양도제한조건부주식은 주가가 행사 가격보다 낮을 경우 옵션 행사에 따른 차익이 발생하지 않아서 효력이 상실되는 스톡옵션과 달리, 주가가 하락해도 부여받은 주식의 액면 금액만큼은 보상받을 수 있다는 점에서 스톡옵션보다 장점이 있다. 또 회사 차원에서도 주식을 직접 부여하기 때문에 스톡옵션보다 주식 발행 수가 적더라도 스톡옵션과 유사한 동기부여 효과를 얻을 수 있다는 점에서 많은 기업들에게 활용되고 있다.

예컨대 IBM은 핵심 경영자를 유지하기 위한 목적으로 양도제한조건부주식제도를 도입하여 일반적으로 최소 5년 이상 기간으로 계약하고 부여한다. 델(Dell) 역시 2001년 핵심 임원에 대해 스톡옵션과 더불어 양도제한조건부주식을 부여하여, 부여받은 해로부터 5년간 20%씩 분할 행사토록 하고 있다.

성과급 주식이나 현금형 보상은 매년 주가를 산정하고 재평가하는 등 스톡옵션 관리에 따른 비용과 시간이 많이 소요되는 것과 달리, 운영이 간편하고 주가를 성과 지표로 활용할 경우 실제 경영 성과(매출, 수익)와 무관한 주가 상승으로 보상을 지급해야 하는 불합리함을 극복하기 위한 대안으로 부각되고 있다. 현금 및 주식 지급 방식의 보상으로 변화한 대표적 기업 중 하나가 GE다. GE는 비용 감소 및 동기 부여 효과 면에서 스톡옵션보다 효과적인 성과급 주식(PSU : Performance Share Unit)이라는 새로운 유형의 주식형 장기 보상 제도를 도입했다.

2002년 GE 이사회는 스톡옵션을 비용으로 처리하기로 결정하고, 2003년 PSU라는 새로운 장기 보상 제도를 도입하였다. 이는 CEO에게만 적용되는 보상 제도로서, 목표를 달성할 경우 주식으로 직접 보상해주기 때문에 비용 절감이나 동기부여 차원에서 스톡옵션보다는 PSU가 더 효과적일 것이라는 판단에 따른 것이다.

기본 원리는 총장기성과급의 50%는 매년 10% 이상씩 성장이라는 현금흐름(Cash Flow) 성과 목표를 향상할 경우 주식으로 전환하여 지급하고, 나머지 50%는 총주주가치창출분(Total Shareholder Return)이 5년 평균 S&P 500보다 높을 경우 주식으로 전환하여 지급하는 것이다. 그리고 이렇게 부여한 주식은 5년 후에 행사 가능하며, 주식 매매를 제한한 5년 동안은 부여한 주식에 해당하는 배당을 분기별로 현금 지급하고 있다.

성과급 주식의 예를 좀더 자세히 들어보자. 다우는 3년 후 장기 성과 지표인 총주주가치창출분(TSR)을 동종 업계 대비 자사의 수준을 평가하여, 목표 달성 정도에 따라 사전에 설정했던 장기 성과 타깃 금액을 35~200%로 지급하는 성과급 주식을 운영하고 있다(〈그림 2-12〉 참조). 예컨대 동종업계 대비 다우의 총주주가치창출분이 5%이면 사전에 설정했던 장기 성과급 타깃 금액의 200%(2배)를 장기 성과급으로 실제 지급하는 방식이다. 이러한 성과급 주식은 주가 외에 기업 경영에서 중요한 경영 성과 지표(EVA, TSR, EPS 등)를 성과 지표로 선정하기 때문에, 외부 환경에 영향을 많이 받는 주가를 성과 지표로 활용하는 보상 방식에 비해 인기를 얻고 있다.

〈그림 2-12〉 다우의 성과급 주식 운영 방식(2006년 기준)

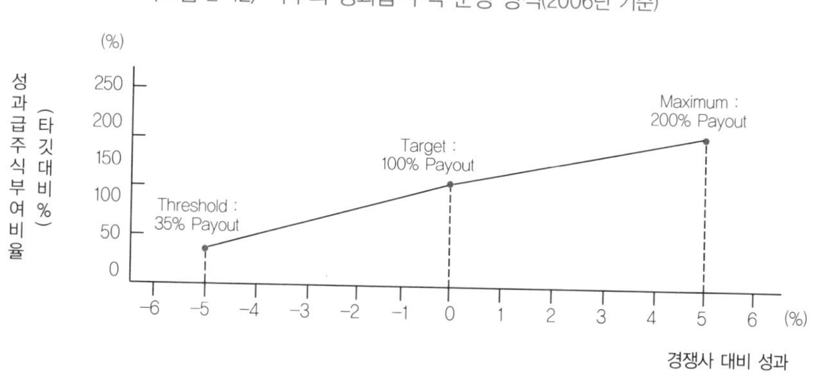

여전히 장기 성과급의 주축은 스톡옵션

  이처럼 과거에 비해 스톡옵션이 경영자 보상 수단으로서 매력도가 다소 떨어진 것은 사실이나, 향후에도 글로벌 기업들은 스톡옵션을 장기 보상의 주요 수단으로 활용할 것으로 보인다. 주식 시장을 기반으로 주주 가치를 중시하는 글로벌 경영 방식, 도전·혁신을 강조하는 사회적 분위기,

우수 인재 확보 및 유지의 중요성이 갈수록 커질 것이라는 점에서 볼 때, 경영자를 대상으로 한 스톡옵션은 그 기조를 유지할 것으로 판단된다.

더욱이 스톡옵션의 대상자나 규모를 축소하는 움직임도 있으나, 과거처럼 모든 사원에게까지 스톡옵션을 지급하지는 않는 양상이다. 즉 경영진에 대해서는 앞으로도 스톡옵션을 계속 유지할 전망이다.

여기에는 경영진은 주주 가치인 '주가'에 대해 최종적으로 책임을 져야 한다는 사상이 깔려 있다. 글로벌 컨설팅 회사의 한 컨설턴트는 "경영자는 주가에 대해 책임지는 존재다. 주가가 침체되어 있다고 해서 스톡옵션이 별 의미가 없다고 생각한다는 것은 경영자로서 책임을 회피하는 것이다"라고 말한 바 있다.

실제로 마이크로소프트의 스톡옵션 폐지 발표 이후 2003년에 미국의 250개 기업을 대상으로 한 조사를 보면, 상당수 기업들이 스톡옵션을 지속적으로 활용할 것이라고 응답했다. 월드앳워크닷컴(Worldatwork. com)이 2003년 8월 미국 418개 회사를 대상으로 한 조사(Stock Option Expensing Survey)에 따르면, 마이크로소프트의 스톡옵션 폐지 발표가 자사의 스톡옵션 제도에 어떤 영향을 미쳤는가에 대해 약 63%의 기업이 '전혀 영향을 미치지 않았다'라고 응답한 반면, 36% 기업만이 어느 정도 이상 영향을 받았다고 응답했다고 한다(〈그림 2-13 참조〉).

인텔의 전임 회장 앤디 그로브(Andy Grove)는 "스톡옵션은 일에 대한 동기부여를 유도하는 가장 강력한 수단"이라며, 최근 주주총회에서 스톡옵션을 계속 유지하기로 결정했다고 말했으며, 시스코시스템스(Cisco Systems) 역시 2003년 경영진에게 299만 주의 스톡옵션을 부여하는 등 그 기조를 유지하고 있다.

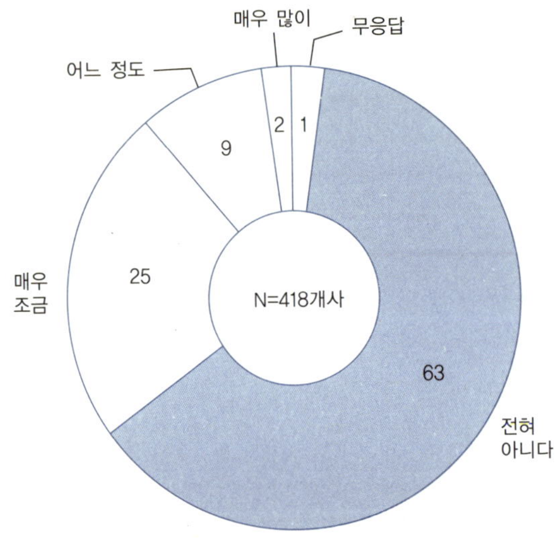

3M에서 경영자 보상을 담당하는 한 임원은 "최근 스톡옵션의 부작용이 제기되고 있지만, 3M은 운영의 묘를 살려 현재와 같이 스톡옵션을 유지할 것"이라고 말했으며, 다우 역시 "지속적 성과를 내도록 유인하기 위해서는 스톡옵션과 같은 장기 보상이 필요하다. 향후에도 다른 장기 보상 제도와 병행하여 스톡옵션을 유지할 것이다"라는 입장을 취하고 있다. 실제로 최근 미국 기업들은 대부분 스톡옵션 제도를 활용하는 것으로 나타났다(〈그림 2-14 참조〉).

산업	기업	스톡옵션	스톡 그랜트		현 금
			양도조건부주식	성과급 주식	
화학 산업	다우	○	○	○	
	3M	○			○
	P&G	○	○		○
	콜게이트 파몰리브	○	○	○	
제약 산업	존슨앤드존슨	○	○		
	머크	○	○	○	
전자 산업	GE	○	○	○	○
	HP	○	○		○
	텍사스인스트루먼트	○	○		
	레이손	○	○	○	
	이머순 전기	○	○	○	
	모토로라	○			○
	퀼컴	○			
기타	GM	○	○	○	
	시스코	○			
	인텔	○	○		

자료 : The 2007 TOP 250 : Long-term and Stock-based Grant Practices for Executives, Sep., 2007, Frederic W. Cook & Co., Inc.

스톡옵션, 왜 사용할 수밖에 없나

그렇다면 왜 글로벌 기업들이 스톡옵션을 경영자 보상의 핵심으로 계속 사용하는 것일까? 그 배경으로 크게 세 가지를 들 수 있다.

우선, 장기 경영 마인드 고취를 위해서다. 몇 년 후의 주가와 경영자 보상을 연계함으로써 단기 성과에 급급한 경영을 지양하고 장기적 관점에서 지속적인 사업 성장을 도모할 수 있기 때문이다. 둘째, 주주와 경영자의 이해를 일치시켜 주주 가치를 극대화하는 방안으로 스톡옵션이 가장 효과적이라는 판단에 따른 것이다. 마지막으로 보상 경쟁력을 들 수 있다. 우수 경영자를 외부에서 영입하거나, 회사 내에 유지시키기 위해서는 경쟁사에 뒤처지지 않을 정도의 보상 경쟁력 확보가 관건인데, 그 핵심을 장기 성과급이라고 생각한다.

필자가 미국 기업들을 직접 방문해 인터뷰한 결과 이러한 사실을 확인할 수 있었다. 휴렛팩커드의 경영자 보상을 담당하는 한 임원은 "우리는 스톡옵션을 비용으로 처리하더라도 현재와 같이 지속적으로 유지할 것이다. 일관성 있는 전략 실행, 장기 성과 마인드를 고취하기 위해서는 스톡옵션이 반드시 필요하다"고 말했다. 3M의 한 인사 담당 임원은 마이크로소프트의 스톡옵션 폐지에 대해서도 의견을 제시했다. "마이크로소프트가 스톡옵션을 폐지하는 등 부작용이 제기되고 있는데, 이는 근본적으로 운영상 미숙함이 원인인 것 같다. 3M은 스톡옵션의 비용 측면을 충분히 고려하고, 주주들에게 임원 보상 내역을 투명하게 공개하는 등 운영의 묘를 살리면서 현재와 같이 스톡옵션을 유지할 것이다"라고 했다.

성숙 산업에 속해 있는 기업들도 이와 마찬가지다. 예컨대 다우의 인사 담당 임원은 "경기 상황이나 산업 특성에 따라 단기적으로는 주가가 상승하지 않을 수도 있으나, 장기적으로 보면 스톡옵션은 분명히 보상 매력이 있다. 다우의 경우, 1994년 당시 주가가 20달러였으나, 현재는 42달러다"라고 말하면서, "스톡옵션을 단기적으로 이익을 얻는 수단이 아니라 장기적 관점에서 바라봐야 한다"고 강조했다.

일본 기업의 스톡옵션 전망

　서구 기업뿐만 아니라 일본 기업에도 주식 시장에 대한 불신이 높고 인력 이동이 활성화되지 않는 노동 시장의 특성상 장기 보상 제도가 그다지 확산되지 않을 것이라는 시각이 있다. 지난 10년간 장기 경기 침체로 주식 시장에서 주가가 쉽게 상승하리라는 기대감이 그리 높지 않기 때문이다. 그 결과, 주가에 따라 보상을 지급하는 스톡옵션과 같은 주식형 장기 보상 제도가 임원들에게 매력적인 보상이라는 인식이 그다지 높지 않은 것 같다.

　또 미국 기업과 달리 우수 인재(특히 임원급) 확보와 유지를 위한 장기 성과급이 필요하다는 인식은 그다지 높지 않다. 일본 기업의 경영자는 대부분 종신 고용이 보장되고 있으며, 평균 임원 선임 연령이 55세로, 경영자로 보임 후 타 기업 이동의 이점이 실질적으로 많지 않은 편이다. 더욱이 연공서열 의식이 강하고 경영자와 사원의 임금 차이가 그다지 크지 않은 일본 기업 문화 특성상, 실제 실현되지 않은 미래 성과에 대해 스톡옵션과 같이 보상 금액이 큰 사전적 보상 지급은 역효과를 초래할 수 있다는 인식도 있다.

　실제로 일본 대기업 CEO의 스톡옵션 보상액은 평균 4,621엔(약 5,000만 원)으로 기본급의 약 19% 수준에 불과하며, 상위 10%에 속한 CEO의 스톡옵션 부여 금액은 약 2만 2,570엔(2억 5,000만 원)으로 기본급의 약 42%에 해당한다. 이는 미국 기업 CEO들이 받는 장기 보상액에 비하여 상당히 낮은 수준이다.

　한편, 일본 대법원에서 "스톡옵션제도는 경영진의 동기부여를 위해 만들어졌고, 그 이익은 직무행위의 대가인 만큼 급여소득으로 봐야 한다"고

판시함에 따라, 스톡옵션에 대해 경영자들이 내야 할 세금 부담이 늘면서 보상으로서 스톡옵션의 매력이 더욱 낮아질 가능성이 존재한다.

그러나 일본의 경기 부활을 위한 기업 변화의 필요성, 주주 가치 중심 경영의 확산 등 경영 환경을 고려해볼 때, 주가나 미래 성과에 연동한 장기 보상은 향후 더 강화될 전망이다. 장기 침체를 극복하고 재도약하기 위해서는 경영자들의 변화와 혁신 지향적 사고를 촉진할 수 있는 새로운 보상이 요구된다.

즉 연공에 기반한 기본급 중심의 보상에서, 성과와 미래 성장을 도모할 수 있는 성과급 비중 강화 필요성이 제기되고 있으며, 그를 위해 우선적으로 경영자 계층에서 실시될 것으로 예상된다. 특히 최근 외국인 투자자나 기관투자자의 주식 소유 증가로 기업 경영의 투명성 제고나 주가 향상에 대한 외부 주주들의 목소리가 점차 커지고 있는 것도 주식형 보상의 필요성을 높이고 있다.

복수의 장기 성과급제 병행

스톡옵션 기조 유지와 더불어 앞서 언급한 바와 같이 실물 주식을 직접 부여하는 스톡 그랜트나 현금형 보상 등 다양한 장기 성과급제 패키지를 조합하여 활용하는 기업이 증가하고 있다. 주식 시장의 호·불황 여부에 따라 영향을 많이 받는 스톡옵션의 단점을 보완하고, 전체적인 경영자 보상 패키지의 유연성 및 대외적 보상 경쟁력 확보 차원에서 경영 환경과 회사 상황에 따라 여러 유형의 장기 보상 제도를 병행하는 것이다.

미국의 경영자 보상 조사 기관인 'Frederic W. Cook' 의 조사(2003년)

결과에 따르면, 장기 보상 수단 중 스톡옵션 하나만 활용하는 기업은 14% 수준에 불과한 반면, '양도조건부주식, 성과급 주식, 주식평가차익 (SARs)' 등 두 개 이상의 보상 제도를 병행하는 기업은 85% 수준으로 나타났다. 예를 들어 휴렛팩커드는 스톡옵션 외에 장기 목표 달성 여부에 따라 주식 또는 현금으로 지급하는 장기 현금 보상(Long-Term Cash Plan)과 우수 경영자 확보·유지 차원에서 양도제한조건부주식을 경영자들에게 지급하고 있다.

3M은 '경영위원회(Executive Conference)' 멤버를 대상(전 세계에 약 100명)으로 장기 성과와 개인의 책임 수준에 따라 차등 보상하는 PUP(Performance Unit Plan)를 활용하고 있으며, 사업 성공에 필수적인 핵심 인재 확보·유지 차원에서 양도제한조건부주식을 지급하고 있다.

양도제한조건부주식은 CEO가 3M의 핵심 경영자라고 인정한 사람으로서 시장 가치가 매우 높거나, 회사 전체 및 사업부 차원의 고성과자가 해당자가 된다. 이들에게 부여된 주식은 최소 3년간 보유한 후 매매할 수 있다. 부여 규모는 보상위원회(BOD Compensation Committee)에서 심의·결정하는데, 시니어 경영자는 총연봉의 약 50~150% 수준, 일반 임원은 총연봉의 25~75% 수준을 부여한다.

장기 성과는 3~4년 후 성과로 평가한다

장기 성과급은 1년이 아니라 일정 기간 후 미래 성과에 따른 보상이기 때문에 성과급을 부여하더라도 일정 기간 이후 성과 평가 결과에 따라 보상 지급을 유예하게 된다. 그렇다면 통상 어느 정도 지급을 미루는 것일까? 미국 기업의 경우 3~4년 정도를 유예하는 것이 보편적이다. 〈그림 2-15〉를 보면, 스톡옵션의 경우에는 3년과 4년, 양도제한조건부주식의 경우에는 3년, 성과급 주식 역시 3년간 행사 또는 실제 지급을 이연하는 경우가 가장 많은 것으로 나타나고 있다.

예컨대 스톡옵션을 2008년 1월에 부여하더라도, 실제 옵션 행사는 3~4년이 지난 2011년 또는 2012년 1월에 가능하도록 설계하고 있다는 의미다. 행사 제한 기간이 통상 3~4년인 것은 너무 짧게(2년) 하면 장기 성과급이라는 본연의 취지에 맞지 않고, 그렇다고 너무 길게(5년 이상) 하면 성과급에 대한 기대감을 갖지 못하게 됨에 따라 보상의 동기부여 효과가 현격히 감소하기 때문이다.

〈그림 2-15〉 장기 성과급제 유형별 행사 제한 기간의 비중

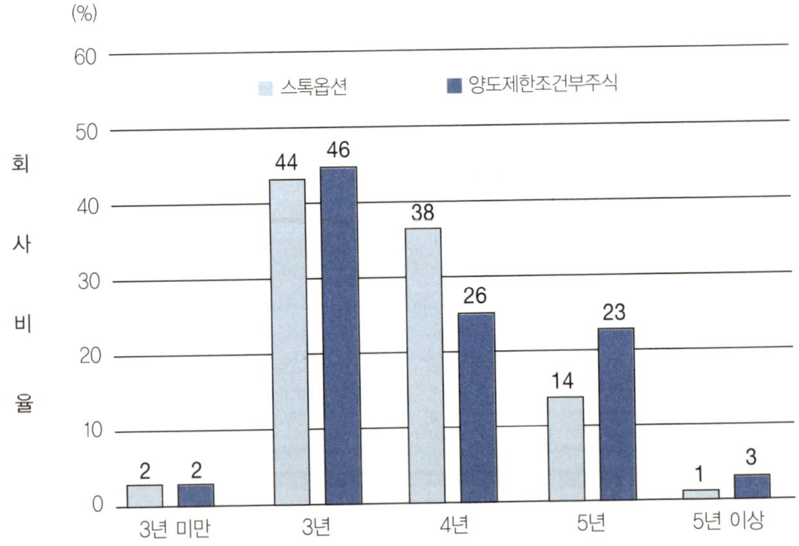

자료 : The 2007 Top 250 : Long-Term Incentive Grant Practices for Executives, Frederic W. Cook & Co., Inc. 2007, 250 largest U.S. companies in the Standard & Poor's 500 Index 대상

장기 성과 지표로 '주가'가 가장 많이 활용된다

장기 성과를 평가하는 지표로는 주가가 가장 많이 활용되고 있다. 주주 가치를 얼마나 많이 창출했는가가 가장 중요한 관심사일 뿐만 아니라, 앞서 살펴본 바와 같이 스톡옵션이 장기 성과급제로 가장 많이 활용되기 때문에 주가라는 성과 지표가 가장 많이 활용되는 것이다. 한편 장기 성과 지표로 외부 시장의 지표인 주가가 가장 많이 활용되고 있으나, 자기자본 이익률이나 순이익, 주당순이익, 경제적 부가가치 등 내부 경영 성과 지표 역시 많이 활용되고 있다. 이는 주식 시장 변동에 영향을 많이 받는 주가의 부작용을 최소화하고, 더불어 주가에 연동하지 않는 다른 유형의 장기 보상 제도(성과급 주식 등)의 성과 지표로 활용하기 위함이다(〈그림 2-16〉, 〈그림 2-17〉 참조).

〈그림 2-16〉 장기 성과 지표 활용도(%, 복수 응답)

지표의 범주	주요 성과 지표	활용 빈도
수익 관련	주당순이익, 순이익(Net Income), EBIT/EBITDA, 영업이익	49%
자본 효율성 관련	자기자본수익률(ROE), 자산수익률(ROA), 자본수익률(ROC), 경제적 부가가치	35%
주주가치 관련	주가 상승 + 배당	32%
매출 관련	매출, 매출성장률	16%
현금흐름 관련	현금흐름(Cash Flow), 현금흐름성장률	7%
기타	품질, 신사업 성공, 고객만족 등	13%

자료 : The 2007 Top 250 : Long-Term Incentive Grant Practices for Executives, Frederic W. Cook & Co., Inc. 2007, 250 largest U.S. companies in the Standard & Poor's 500 Index 대상

<〈그림 2-17〉 주요 글로벌 기업의 장기 성과 지표>

		성과 지표	
		주가 관련	내부 경영 성과 관련
전자 산업	GE	평균 주당순이익성장률	평균매출성장률 평균자본수익률 누적 현금 창출
	월풀	주당순이익	경제적 부가가치 현금흐름 혁신, 리더십 등
	3M		매출성장률 경제적 이익성장률
	휴렛팩커드	S&P 대비 총주주가치창출분	현금흐름
	모토로라		누적 매출성장률 경제적 이익(Economic Profit)
제약 산업	머크	주당순이익성장률	
	화이자	총주주가치창출분 주당순이익	
화학 산업	P&G	주당순이익성장률 총주주가치창출분	
	다우	화학 업종 S&P 대비 총주주가치창출분	자본수익률 매출성장률
	듀폰		매출성장률 동종업계 대비 투하자본수익률(ROIC)
통신 산업	버라이즌	총주주가치창출분	
	AT&T		매출 수익

장기 성과급 차등 기준

글로벌 기업들은 장기 성과급을 경영진에게 부여할 때 일정 기준에 따라 차등하여 지급한다. 그 기준은 회사별로 차이가 있으나, 공통적으로 포지션이나 역할, 성과를 기준으로 차등하는 모습을 보이고 있다(〈그림 2-18〉 참조).

예를 들어 스톡옵션을 보면, 포지션 가치(92%), 전년도 성과(79%), CEO·이사회 규정(58%), 내부 지급 규정(33%) 기본급 기준(33%) 순으로 스톡옵션 부여량을 차등하는 것으로 나타나고 있다. 제약회사 머크는 직무의 크기, 책임 정도, 사업에 대한 영향력, 사업 위험도 등을 고려하여 총 14개 직무 등급별로 스톡옵션을 차등 지급하고 있다.

3M은 2004년부터 개인의 성장과 보상을 병행하는 취지에서 리더십 평가 결과를 스톡옵션 부여량 결정에 반영하고 있다. 이는 한정된 총 스톡옵션 재원을 개인에 따라 나누는 제로섬(Zero-Sum) 배분 방식으로, MTR(Management Team Review) 과정을 통해 최종 차등폭을 결정하게 된다.

<그림 2-18> 장기 성과급 차등 결정 요인

	듀폰	모토로라	시스코	델	GE	머크
포지션·직무 측면	현재의 포지션 등급		• 현재의 포지션 등급 • 향후 담당할 포지션 등급	현재의 포지션 등급	현재의 포지션 등급	현재의 포지션 등급
성과 측면		회사 전체/사업부/팀/개인 실적	최근 성과	개인 성과	개인 성과	개인 공헌도
역량 측면	책임 수준	회사 전체/사업부/팀/개인 실적	승진 가능성			개인 공헌도
기타				• 경쟁사 수준 • 과거 받은 주식 수	현 기본급 수준	

* 장기 성과급 차등 기준
자료 : 여러 회사의 Proxy Statement

스톡 오너십 가이드라인

마지막으로 회사 성과에 대한 주인의식·책임의식을 강화하는 것과 더불어, 일시에 스톡옵션을 과다 행사하여 이익을 챙겨 이직하거나 그로써 발생할 수 있는 단기적인 주가 하락을 방지하고자 하는 차원에서 스톡 오너십 가이드라인(Stock Ownership Guideline)을 제정·운영하는 기업들이 증가하고 있다. 이는 경영진이 일정 기간 일정 수의 자사 주식을 의무적으로 보유하도록 하는 제도로, 미국 기업의 80% 이상이 가이드라인을 보유하고 있다.

경영진이 주식을 보유하는 방식은 주식형 보상으로 부여받은 성과급 일부를 보유하거나, 현금으로 부여받은 보상 일부를 주식으로 구매하여 보유하는 방식으로 이루어진다. 통상적으로 포지션·직급별로 기본급 대비 몇 %를 소유하도록 규정하고 있는데, 통상 CEO는 기본급의 5배, Top 5 경영진은 기본급의 3배, 시니어 경영진(사장이나 부사장)은 기본급의 2배, 일반 경영진은 기본급의 1배로 규정하고 있다(〈그림 2-19 참조〉).

3M의 경우, CEO는 연 기본급의 5배, 시니어 부사장은 연 기본급의 3배, 부사장은 연 기본급의 2배에 해당하는 자사 주식을 보임 후 5년간 유지하도록 하고 있다. GE의 경우, CEO는 기본급의 6배에 해당하는 자사 주식을 3년간, 부사장은 기본급의 5배에 해당하는 자사 주식을 4년간, 시니어 부사장은 기본급의 4배에 해당하는 자사 주식을 6년간 보유하도록 하고 있다.

포지급(직위)	주식 보유 기준
CEO	5 × 기본급
상위 Top 5 경영진	3 × 기본급
시니어 경영진	2 × 기본급
일반 경영진	1 × 기본급

사원 대상 주식형 보상

글로벌 기업들은 주식형 보상을 비단 경영자뿐만 아니라 사원을 대상으로 해서도 많이 활용하고 있다. 무엇보다도 사원들에게 회사 주식을 부여함으로써, 기업의 주가(성과)를 높여야 구성원도 보상을 더 많이 받을 수 있다는 인식을 심어주기 위함이다. 또 회사 주식을 소유토록 하여 회사에 대한 주인의식과 몰입을 이끌어내는 효과도 누릴 수 있다. 몇몇 회사들의 사원 계층을 대상으로 한 주식형 보상에 대해 살펴보자.

• 다우 : 주식 구매 제도(Stock Purchase Plan)

일정 자격 요건을 갖춘 사원을 대상으로 시행하고 있다. 사원은 급여에서 일정 금액을 공제하여 구입하거나, 일시불을 지급하고 시장 가격의 85% 가격으로 구매할 수 있다. 2004년의 경우, 다우는 사원 주식 구매에 대비하여 114만 7,000주를 매입한 바 있다.

• 스타벅스 : 빈 스톡(Bean Stock)

구성원에게 스타벅스(Starbucks) 주식을 소유할 수 있는 기회를 부여함으로써 스타벅스의 지속적 성장을 위한 구성원의 노력을 유도하고, 회사의 성공(성과)을 구성원과 공유할 목적으로 운영하고 있다. 매년 4월 1일 현재, 고용되어 있는 구성원(파트타이머 포함) 또는 최소 500시간 근무한 자를 대상으로 하여 시행한다. 이사회에서 회사 성과를 고려하여 스톡옵션을 부여하되, 개인별 옵션 부여 수량은 당해연도 회사의 성과·수익성 현황, 구성원의 당해 기본급, 행사 가격 세 가지를 고려하여 결정하게 된다. 총 4년간 25%씩 균등 분할 지급하며, 옵션 부여 후 구성원은 바로 행사(매매) 가능하다.

• ABB : 종업원 주식 구매 제도(Employee Stock Acquisition Plan)

1년 후에 일정 행사 가격으로 ABB 주식을 살 수 있는 스톡옵션 프로그램으로, 현재 종업원 주식 구매 제도를 위해 370만 주를 발행(6,000만 달러 상당)했다. 매년 종업원 주식 구매 제도 프로그램에 참가하고자 하는 구성원은 회사에서 제시하는 1년 후 행사 가격을 감안하여 자율적으로 신청할 수 있는데, 월 급여의 10%를 떼내어 제3 신탁기관에 위임하게 된다.

그리고 1년 후 행사 가격으로 ABB 주식을 구매할 수 있는데, ① 1년간 원금 및 이자〉행사 가격 : 주식을 매수하며, 남은 금액은 환급해주고, ② 1년간 원금 및 이자 〈행사 가격 : 주식 매수를 포기하거나, 추가 자금을 내고 매수하게 된다. 1년 기간 중 언제라도 프로그램 중도 포기가 가능(포기 시 원금 및 이자 환급)하며, 1년 기간 중 퇴사하면 원금 및 이자는 환급하고, 옵션 자격은 상실된다.

• 바스프(Basf) : 종업원 주식 구매 프로그램(Employee Purchase Program)

1999년 독일의 본사 및 독일 소재 자회사에서 시행해 유럽과 멕시코의 직원으로 대상을 확대하였다. 현재 직원 76%가 주식을 보유하고 있다.

이 프로그램에 참가한 구성원들은 매년 지급되는 '성과급'의 일부 또는
전부를 투자하여 시장 가격으로 자사 주식을 구매할 수 있도록 하고 있다.
회사 주식 10주(Block) 구입당 구성원은 추가로 회사로부터 주식을 무상
부여받게 되며, 1년, 3년, 5년, 7년, 10년 후에 무상으로 1주의 주식을 추
가로 받게 된다. 또 장기 근속 유도 차원에서 종신계약을 하는 구성원에게
는 5주의 주식을 무상 부여한다.

03

한국 기업의 경영자 보상 방향

이제 우리 기업들의 경영자 보상에 대한 관심을 높여야 할 시점이다. 3장에서는 우리 기업들이 경영자 보상을 설계하고 운영할 때 반드시 염두에 두어야 할 포인트를 짚어본다. 아울러 앞으로 우리 기업들의 경영자 보상 전개 방향에 대해 살펴본다.

01 글로벌 기업의 경영자 보상 키포인트

글로벌 기업의 경영자 보상 트렌드와 특징을 종합해보면 크게 다음 다섯 가지로 요약할 수 있다.

고유의 보상 철학이 있다

글로벌 기업들은 산업 특성 등 내·외부 경영 환경을 반영하여 자사만의 독특하고 분명한 경영자 보상 철학을 보유하고 일관성 있게 유지하고 있다. 즉 전체적인 경영자 보상 원칙과 정책을 명확히 설정하고, 이를 주총위임장권유신고서를 통해 외부 주주와 내부 구성원들에게 분명히 전달하여 경영자 보상을 어떤 방식으로 지급하는지를 투명하게 공개·운영하고 있음을 알 수 있다.

특히 경영자 보상 원칙은 특정 부분에만 반영되지 않고, 기본급, 단기·장기 성과급 등 제반 보상 요소와 밀접하게 연계·반영하여 운영하고 있으며, 철저한 시장 논리에 따라 주주의 이익 및 회사의 시장 가치를 극대화할 수 있는 방향으로 경영자 보상 정책의 초점을 맞추고 있다.

성과에 연동한 보상을 강화한다

매년 안정적으로 지급하는 고정급 성격의 기본급보다는 성과에 연계되는 단기·장기 성과급 비중을 높여 성과주의를 강화하고 있다. '회사의 가치를 높여야 경영자 자신도 보상을 많이 받을 수 있다'는 시그널을 부여하는 것이다. 성과급 중에서도 회사의 미래 성과와 연동한 장기 성과급을 활성화해 단기 성과에만 집착할 수 있는 경영의 부작용을 최소화하고, 장·단기 성과의 균형적 발전을 함께 도모하는 것도 특징이다.

주식형 보상을 활성화한다

장기 성과급제의 주된 수단으로 '주식형 보상'이 가장 많이 활용되고 있다. '현금' 보상 대비 '주식' 보상은 경영진에게 '주주 가치를 높여야 경영진의 보상 역시 높아진다'는 시그널을 줌으로써 주주와 경영진의 이해 관계를 일치시키고자 한다. 특히 서구 기업들의 경우, 주식 시장 발달과 이사회 중심 경영 체제로 경영진이 주주 가치(주가)에 좀더 많이 신경 쓰도록 하는 주식형 보상이 많이 활용되고 있다.

주식형 보상으로는 '스톡옵션'이 가장 많이 활용되고 있으나, 최근 일정 기간 양도를 제한한 후 주식을 지급하는 양도제한조건부주식, 성과 목표 달성시 현물(주식 또는 현금)로 지급하는 성과급 주식의 활용 비중이 높게 나타나고 있다. 이는 인력 이동이 빈번한 서구 노동 시장의 특성상, 스톡옵션 대비 보상 가치의 불확실성이 낮고, 일정 기간 양도를 제한하는 보상 방식이 우수 경영진 확보 및 유지에 효과적이기 때문이다. 예를 들어

델(Dell)은 매년 성과 달성도에 따라 주식을 차등 부여하되, '5년 양도제한조건부' 주식을 부여하고 있으며, P&G는 3년 후 장기 성과급을 지급하되, '3년 양도제한조건부주식'을 부여하고 있다.

보상 패키지를 다양화한다

오로지 스톡옵션에만 의존하지는 않으며 경영자 보상 수단을 다양화해 보상 수단의 유연성과 경쟁력을 확보하고 있다. 2000년대 초, 회계 부정과 스톡옵션의 폐해 등으로 스톡옵션 이외에 다양한 방식의 장기 보상 제도를 도입하는 기업이 증가하는 추세다. 그 결과, 경영자 성과 평가 대상과 기간도 다양하게 나타나고 있다. 더하여 우수 경영자의 동기부여 및 외부에서의 원활한 확보를 위해 일정 기간이 지난 후 보상을 부여하는 보상 방식도 부각되고 있다.

다양한 성과 지표를 활용한다

성과 평가 지표 면에서 보면, 단기 성과 지표와 장기 성과 지표가 뚜렷하게 구별되지 않는다(〈그림 3-1 참조〉). 그러나 장·단기 성과 지표 공히 매출, 영업이익 등 손익 지표 외에 총주주가치수익률(TSR), 경제적 부가가치 등 주주 가치 관련 지표와 현금흐름, 자본수익률 등 자본 효율성 관련 지표들이 많이 활용되고 있다.

성과 평가 방식 면에서 보면, 일정 기간에 걸친 누적 또는 평균 성과를 평가하는 경우가 많다. 즉 장기 성과 평가 종료 시점에 목표 달성도를 1회 평가하는 방식이 아니라, 장기 성과 평가 기간의 평균(누적) 성과를 평가하는 방식을 많이 활용하고 있다.

<그림 3-1> 단기와 장기 성과 지표 비교

회사	장기 성과 평가 지표	단기 성과 평가 지표
GE	평균 주당순이익 성장률 평균 매출성장률 누적 총자본수익률 누적 순현금흐름	주당순이익 매출 총자본수익률 현금흐름 영업이익
IBM	주당순이익 현금흐름	순이익 현금흐름 매출성장률
다우	자본수익률	경제적 이익 비용 관리
P&G	주당순이익 성장률 총주주가치창출분	주당순이익 총주주가치창출분
델	매출 연간 매출성장률 최소 영업이익	매출성장률 영업 이익
듀폰	매출성장률 총주주가치창출분	매출 주당순이익 현금흐름

이 외에 경영진 보상(기본급, 장·단기 성과급 등)을 일정 기간 또는 퇴직 시점까지 이연한 후 보상하는 이연 보상(Deferred Compensation)도 주목할 만한 특징이다. 이는 보상의 실제 지급을 이연함으로써 경영진의 장기 경영 마인드 제고, 회사에 대한 오너십을 촉진하는 효과가 있으며, 퇴직시 지급할 경우 상당한 절세 효과를 거두는 장점이 있기 때문이다.

02 한국형 경영자 보상 시스템의 실현

이제 우리 기업들도 경영자의 보상에 대해 관심을 더 많이 갖고 선진화를 위해 노력해야 할 시점이다. 경영자에게 성과에 합당한 정당한 보상을 제공하여 주주 가치, 기업 성과를 높이는 데 열정을 다해 일할 수 있게 동기부여할 수 있도록 보상 시스템을 좀더 정교하게 설계하고 운영해야 한다. 경영자 보상 패키지를 설계할 때 고려해야 할 요소는 여러 가지가 있으나, 다음과 같은 것들을 고려해야 한다.

첫째, 보상의 경쟁력이다. 즉 경영자들을 동기부여하고 우수 경영자를 확보 및 유지하기 위해 경쟁사와 비교할 때 어느 수준으로 보상을 결정해야 하는지 고민해보아야 한다. 이를 위해서는 현재 회사의 경영자들이 인식하는 회사의 보상 경쟁력 수준, 경쟁 기업들의 보상 구조 및 수준의 차이점 등에 대한 분석이 필요하다.

둘째, 최적의 보상 구조(Optimal compensation structure)다. 무수히 많은 보상 제도 중에서 회사에 가장 효과적인 보상 요소는 무엇인지, 기본급과 성과급의 적절한 비율은 무엇인지 등에 대한 고민이 필요하다.

셋째, 성과 지표의 이슈다. 즉 경영자의 성과를 어떻게 평가할지에 해당하는 것으로, 재무 성과와 전략 성과의 균형 이슈, 조직과 개인의 성과 균형 이슈, 성과 평가의 주기 등에 대한 설계가 필요하다. 이러한 여러 보상 설계의 고려 포인트 중에서 우리 기업들이 반드시 염두에 두어야 할 몇 가지 사항을 제시하고자 한다.

시장 가치에 따른 보상 결정

우리 기업의 경우 대외적 이미지나 경영자로서 신분적 지위를 우선시하여 직위나 나이 등이 경영자 보상의 주된 결정 요소로 사용되는 경향이 있다. 그러나 이는 경영자가 보유하고 있는 역량과 발휘한 성과 그리고 수행하는 일(포지션)의 가치보다는 직위 중심, 연공 중심의 사고를 불러올 우려가 있다.

따라서 경영자 보상을 결정할 때 직위나 나이, 근속연수 등도 중요하지만 개인의 역량과 직무 가치, 산업 특성 등을 종합적으로 고려해야 한다. 특히 최근에 보면 경영자가 기업의 성공과 실패를 결정할 만큼 경영자의 역량(능력)이 중요해지고 있다는 면에서 볼 때, 역량이 탁월한 경영자는 파격적인 보상을 제공할 필요가 있다.

한편 우수한 경영자를 영입하기 위한 기업들의 인재 확보 노력이 강화되면서, 이들을 확보해 이탈하지 않도록 하려면 이른바 시장에서의 몸값(Market Value)을 제대로 반영한 보상 수준을 설정해야 한다. 시장 가치는 외부 노동 시장에서 '경력, 성과, 역량, 경험' 등을 종합적으로 고려하여 매기는 보상 수준'을 의미한다.

글로벌 기업들의 경우, 경영자 보상 설계시에 반드시 외부 임금 조사 기관의 자료를 활용하여 동종 산업에서 동일한 업무를 수행하는 경영자의 시장 가치를 고려해 보상을 설계한다(〈그림 3-2〉 참조). 예컨대 델 컴퓨터는 20여 개 하이테크 기업 CEO의 보상 자료를 수집하여 CEO 보상 수준과 보상 구조를 결정하고, 머크는 비슷한 수준의 제약 업체 CEO 보상 자료를 기초로 CEO 보상 수준을 결정하고 있다.

〈그림 3-2〉 존슨앤드존슨의 보상 요소별 대외적 경쟁력 수준

기본급	단기 성과급	장기 성과급	총보상
동종 기업의 50% 수준	동종 기업의 50% 수준	동종 기업의 상위 75% 수준	동종 기업의 50~75% 수준

<동종 업계 대상 회사>
코카콜라(Coca-Cola)
GE
IBM
머크(Merck)
3M
펩시(Pepsico)
화이자(Pfizer)
P&G

산업 특성도 경영자 보상 패키지 설계시 반영해야 한다. 예컨대 서구 기업 CEO 보상 수준과 구조를 살펴보면 산업별로 차이가 크다는 것을 발견할 수 있다. 상대적으로 시장이 안정적이고 성숙기에 접어들고 있는 전자, 화학 산업의 경우는 기본급 비중이 상대적으로 높게 나타나고 있다. 반면 제약 산업과 이동 통신 산업의 경우, CEO 평균 보상 수준이 높을 뿐만 아니라 타 산업에 비해 장기 인센티브의 비중이 매우 높음을 알 수 있다. 이

동 통신 산업은 시장에 진입한 지 얼마 안 되는 도입기라는 특성이, 제약 산업은 타 산업에 비해 연구개발 기간이 길고 성공 가능성이 낮으며 투자 회수 기간이 긴 특성이 CEO 보상 구조에 반영된 것이라고 볼 수 있다.

향후 우리 기업들은 CEO 보상 패키지를 설계할 때 적절한 벤치마킹을 통해 산업의 특성을 반영할 수 있도록 해야 한다. 또 산업별 보상 수준과 구조는 향후 신임 CEO를 선임하거나 외부에서 CEO를 영입할 때 초기 임금 수준 결정의 중요한 준거 기준으로 사용할 수 있다.

우리나라도 현재 국내에 진출한 일부 글로벌 인사관리 전문 컨설팅 회사들이 국내 기업의 경영자 보상 서베이를 실시하기 위한 움직임을 보이고 있다. 물론 우리나라의 경우 비슷한 규모의 산업별 비교가 가능한 '기업의 풀(Pool)' 자체가 적다는 문제와 경영자가 보상 수준 공개를 꺼리는 경향이 있어 정확한 시장 자료를 확보하는 데는 어려움이 있다.

그러나 최근 기업간 경영자들의 이동이 과거에 비해 활발히 나타나고 있어 장기적인 관점에서 경영자 보상 수준에 대한 데이터를 확보하여 활용한다면 우수 경영자 확보 및 유지를 위한 경쟁력 있는 경영자 보상 패키지 설계의 초석이 될 수 있을 것이다.

구성원과 보상 차이에 신중을 기한다

경영자의 보상 수준이 구성원의 보상과 너무 크게 차이나지 않도록 유의해야 한다. 20여 년 전에 경영자와 구성원의 보상 차이가 40여 배였던 것이, 최근에는 200여 배까지 확대되었다고 한다. 예컨대 미국의 51개 주요 기업 최고 경영자를 대상으로 한 최근 조사에 따르면, CEO 평균 연봉이 처음으로 1,000만 달러를 넘어섰다고 한다(〈Tip 4〉 참조).

1995년 CEO의 평균 연봉이 440만 달러였으며, 경기 순환의 성숙기에 있는 미국 증시가 작년 3월 이후 약세를 면치 못하고 있는 점을 감안하면, 최고 경영자에 대한 보상 수준이 놀라울 정도로 성장하였음을 알 수 있다. 물론 '어느 정도가 너무 큰 차이가 아닌가'에 대한 정답은 없다. 그러나 이처럼 경영 성과와 무관한 많은 보상은 구성원에게 배분되어야 할 경영 성과를 경영자 혼자만 독식하는 것이라는 비난을 받을 수 있다.

물론 일부 사람들은 경영자의 업무 스트레스나 경영에 대한 책임(리스크)을 생각하면 많은 보상을 제공할 가치가 있다고 말하기도 한다. 어느 의견이 옳은지에 대한 정답은 없으나 진정으로 경영자가 많은 보수를 받을 만한 자격과 실력이 있는지를 엄격히 따져봄과 동시에, 구성원에게 상대적 박탈감을 심어주지 않도록 보상 크기를 결정해야 한다.

<table>
<tr><td>Tip 4</td><td>미 '부익부빈익빈' CEO · 직원간 보수 격차 커져 :
작년 역대 최대 격차, '부익부빈익빈' 심화</td></tr>
</table>

미국의 경기가 좀처럼 되살아나지 않고 있는 가운데 미국 기업의 최고경영진(CEO)과 직원들 간의 임금 격차는 점점 더 벌어지고 있다고 〈월스트리트저널(WSJ)〉이 28일 보도했다. 미 의회조사국(CRS)에 따르면 지난해 미국 CEO들의 평균 보수는 직원들의 180배에 달했다. 이는 역대 최대 격차이며 지난 1994년 그 격차가 90배였던 것과 비교해도 더욱 현저하게 벌어졌다. 지난해 미국 기업 경영진들의 보수는 이사회가 경영진 퇴임시 주는 각종 특혜를 제한하기로 했음에도 직원들의 저임금에 대한 비애는 오히려 더욱 커졌다는 분석이다.

미국 컨설팅 회사 헤이그룹의 최근 조사결과에 따르면 미국 내 주요 200개 기업 CEO들의 연봉과 보너스, 스톡옵션 등 각종 혜택을 합친 CEO들의 평균 보수는 지난해 880만 달러로 나타났다. 신문은 경영진들이 갈수록 높은 보수를 받는 반면 직

성과와 연계를 강화한다

경영자는 기업의 경영 성과를 최종 책임지는 사람이다. 따라서 기업의 성과가 좋을 경우 보상을 더 많이 받고, 성과가 좋지 않을 경우에는 보상이 줄어드는 방식의 보상이 필요하다. 즉 성과에 연동한 보상을 강화해야 한다는 의미다. 글로벌 기업의 경우 단기 및 장기 성과급 등 성과에 연동한 보상 비중이 높은 반면, 우리 기업의 경우 아직까지 기본급 비중이 높은 실정이다. 성과급도 장기 성과급보다는 단기 성과급이 많은 편이다.

이처럼 고정급 비중이 크다면 도전적이고 혁신적인 의사결정을 피하고 좀더 안정적이고 보수적인 경영 활동을 전개할 가능성이 높다. 따라서 성과주의 보상을 실현하기 위해서는 장·단기 성과급 비중을 높일 필요가 있다. 특히 아직 태동기에 있는 장기 성과급을 강화함으로써 경영자가 건강하고 지속적인 성장을 이끄는 경영을 하도록 유도해야 할 것이다.

이러한 성과와 연계된 보상의 출발점은 승진 위주의 보상 중심에서 벗어나 성과에 따른 차등 보상을 조금 더 강화해야 한다는 것이다. 우리 기업의 경우, 일부 대기업 핵심 경영진을 제외하고는 총경영자 보상 중 기본급 비중이 상당 수준을 차지하고 있으며, 성과와 직접 연관이 없는 퇴직금의 비중 또한 높은 수준이다.

글로벌 컨설팅 회사인 타워스페린(Towers Perrin)이 발표한 전 세계 총보상 보고서(2003년)에 따르면, 한국 CEO 총보수는 평균 4억 9,700만 원 수준으로 조사 대상 25개국 중 21위로 나타났다. 그 주된 이유는 기본급 위주의 보상과 성과급이나 스톡옵션 등 장기 성과급 비중이 낮다는 데 있다. 구체적으로 보면 총보상 중 기본급이 64%이고, 나머지 36%는 보너스 등 단기 현금 성과급과 기타 특권으로 구성되어 있으며, 장기 성과급은 거의 없는 실정이다. 퇴직금 면에서 보면, 사장은 근속연수의 최대 6배, 부사장급은 3배였으나, 외국계 기업은 근속연수의 1.5~2배 수준으로 글로벌 기업 대비 다소 높은 수준이다.

또 국내 경영자 보상 규모는 경영자의 능력이나 성과보다는 현 직위·직책에 연동되는 면이 있어 통상 승진해야 보상 수준이 오르는 경우가 많다. 그 결과, 성과보다는 승진에 집착하는 모습을 초래하고 있다. 메도프와 에이브러햄(Medoff & Abraham)의 연구(1980년)에 따르면, 경영진은 승진에 의한 보상 증대를 동일 직급 내에서의 역량이나 성과 차이에 의한 보상 증대보다 더 중요시하는 것으로 나타났다. 실제 보상 금액을 보더라도 부사장급의 경우, 연간 급여 상승률은 평균 3.3%이나, 직급 승진시 18.8%로 나타났다.

그러나 승진을 통한 보상은 기업이 성장하지 않으면 고위직급의 경영자만 양성하는 직급 인플레이션을 초래할 가능성이 높으며, 실제 담당하는 직무와 사람 사이에 정합성 있는 매치 면에서 비효율을 초래할 수 있다. 또 승진은 최소 3~5년 이상을 요구하기 때문에, 성과급을 통한 보상보다 동기부여 효과 면에서 한계가 있다. 따라서 직급 인플레를 방지함과 동시에 성과에 따른 공정한 보상을 기하기 위해서는 성과와 연동된 경영자 보상 비중을 늘리고 그 종류를 다양하게 사용해야 할 것이다.

진정한 가치를 담은 성과 지표를 선정한다

경영자의 성과 지표가 무엇인가에 따라 경영자의 행동이 달라질 수 있다. 쉽게 말하면 매출이 성과 지표이면 매출을 극대화하기 위한 경영을, 비용이 성과 지표이면 비용을 최소화하기 위한 경영을 하게 된다. 따라서 회사가 지향하는 사업 전략을 성공적으로 실행하고 올바른 경영을 유도하기 위해서는 성과 지표 역시 올바른 지표로 선정해야 한다.

성과 지표는 보통 재무 지표와 비재무 지표로 구분된다. 재무 지표는 객관적이고 가시적이라는 장점이 있다. 반면, R&D투자, 마케팅 강화, 교육 강화 등에 투입되는 자원을 모두 비용으로 계산하기 때문에 경영자가 의사결정을 단기 성과 위주로 하기 쉽다. 또 주식 가격이 이자율, 환율 등 통제 불가능한 변수들에 의해 결정되는 경향이 있기 때문에 경영자들이 자신의 통제 가능한 범위에서 위험을 회피하려는 경향을 지니게 된다.

비재무 지표는 R&D 집중도, 교육 투자비, 고객 충성도 등 BSC (balanced scorecard)적 접근법을 사용하여 설정할 수 있다. 이 지표들을 사용하면 경영자들이 장기적인 핵심역량을 증대하는 방향으로 의사결정을 하도록 할 수 있다. 그러나 이 지표들은 측정하기 힘들어서 주주들에게 객관적으로 설명하기가 힘들다. 또 이들 지표들이 대부분 기업의 핵심적인 정보들이기 때문에 공개하기가 힘들다. 이런 단점으로 비재무적 지표는 경영자의 보상 기준으로 활용하기에는 부적절하다.

이 두 가지 지표 중 어느 한 가지가 반드시 옳다고 볼 수는 없다. 따라서 재무·비재무적 지표를 적절히 병행하여 활용해야 한다. 이미 성과주의 보상 제도를 정착시킨 미국은 재무적 성과를 기준으로 장·단기 인센티브를 지급해왔다. 그러나 최근 단기적·재무적 성과 중심 평가로 인한 부작용이 나타나고 있다. 미국 경영자들은 평가 주기가 분기나 일 년 단위로 짧기 때문에 경영자들이 가시적 성과를 보이기 위해 단기 성과에만 치중하는 경향을 보이고 있다는 것이다.

이로써 회계 조작 등의 현상이 나타나게 되었고 그 결과 엔론 등과 같이 조직의 존립 자체에까지 영향을 미치게 되었다. 그뿐만 아니라 경영자들이 연구개발 프로젝트의 투자나 혁신적 프로세스 도입, 인적 자원의 역량 개발 등 장기적 전략 추구를 망설이거나 간과한다는 문제가 드러나고 있다. 이 경우 기업은 장기적으로 안정적인 수익 구조를 창출하기 어렵고 현재보다 더 나은 방향으로 성장하는 데 한계가 있을 수밖에 없다. 이러한 한계를 극복하기 위해 미국 기업들은 장기 성과 지표나 고객 만족도 등 비재무적 성과 지표를 함께 활용하고 있다.

장기 성과에 대한 관심을 높여야 한다

기업의 지속적 성장을 도모하기 위해서는 장기 성과에 대한 보상 체제 기반을 조속히 마련해야 한다. 우리 기업들에도 점차 전문 경영인이 늘고 있는 추세다. 이들은 단기간에 가시적인 업적을 보여야 보상을 받을 수 있고 직책도 유지할 수 있기 때문에 3년 후, 5년 후를 바라보고 경영하기 어려운 실정이다.

이러한 상황이 지속될 경우, 미래 사업 원천을 발굴하거나 이를 위한 선행적 투자 등과 같은 경영 활동을 소홀히 할 수 있다. 이를 방지하기 위해서는 단기 성과뿐만 아니라 경영자들이 소신을 갖고 장기적 관점에서 경영할 수 있는 보상 장치를 마련해야 할 것이다.

우리 기업의 경우에도 최근 스톡옵션을 활용하는 기업들이 늘고 있는데, 그 운영에서 성과와의 연계성을 좀더 강화해야 할 것이다. 2004년 11월 한국상장회사협의회 보고에 따르면, 전체 상장회사 666개 중 정기 보고서상 스톡옵션을 부여하는 회사는 132개로 약 20%의 기업이 시행하고 있다고 한다. 예컨대 은행권의 경우, 주식 시장 호조에 힘입어 스톡옵션을 활용하는 기업들이 늘고 있다.

또 2006년 한국증권선물거래소가 발표한 '코스닥시장 상장법인 스톡옵션을 통한 추가상장 현황 및 추이'에 따르면 스톡옵션 행사에 따른 신주 상장은 2004년 증시침체기를 제외하고 6개년도 연속 증가세를 기록했다(〈그림 3-3〉 참조). 또 스톡옵션 행사 사유에 따른 신주 상장사는 2001

〈그림 3-3〉 국내 기업의 스톡옵션에 따른 신주 상장 현황 및 연도별 추이

(단위 : 사, 건, 천 주, 백만 원, %)

구분	2001	2002	2003	2004	2005	2006	증감률
회사수	8	17	37	36	64	86	34.38
건수	9	19	58	62	122	160	31.15
상장주식수	1,147	3,676	4,933	3,580	11,930	12,191	2.15
상장금액	11,617	40,929	62,446	52,303	79,438	130,554	64.35
발행금액	1,324	4,111	11,976	11,914	25,728	35,301	48.87
상장차익	10,293	36,818	50,470	40,389	53,710	92,253	71.76

자료 : '코스닥시장 상장법인 주식매수선택권(스톡옵션)을 통한 추가상장 현황 및 추이', 연합뉴스, 2006. 9. 14

년 8개사에서 올해 86개사로 975.00% 증가했으며 발행금액 역시 13억 원에서 383억 원으로 급증해 2,792.65%의 상승률을 보였다. 상장차익 역시 71.76%(103억 원→923억 원) 증가했다. 지난해와 비교하면 상장금액은 794억 원에서 1,305억 원으로 64.35% 늘어났고, 발행금액은 지난해 257억 원에서 올해 383억 원으로 48.67% 증가한 것으로 드러났다.

그러나 최근 스톡옵션이 다소 위축되는 모습도 보이고 있다. 벤처 기업의 경우, 그간 임직원 모두에게 골고루 지급하던 관행에서 벗어나, 회사 발전에 공헌한 사람을 엄선하여 지급하는 등 스톡옵션 대상을 줄이는 추세다. 2008년 3월, 증권선물거래소는 유가증권시장 상장 법인의 주식매수선택권(스톡옵션) 부여 및 부여 취소 공시 현황을 집계·조사한 결과를 발표했다(〈그림 3-4〉 참조). 조사 결과 올해 들어 스톡옵션 부여 주식수는 155만 1,000주로 전년 동기 614만 1,000주 대비 74.74% 감소한 것으로 나타났다. 부여 건수 또한 13건으로 전년 동기 22건 대비 40.91% 준 것

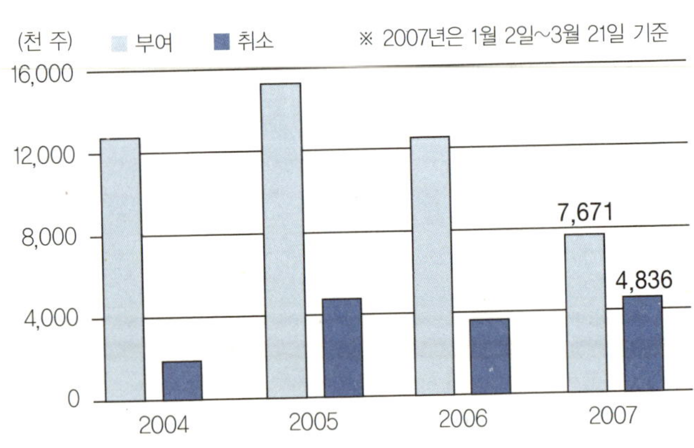

〈그림 3-4〉 주식매수선택권 부여 및 취소 추이

자료 : 증권선물거래소 ; 잘못된 스톡옵션 관행 바로잡는다. 성과연동형으로 전환 유도, 한국경제, 2007. 5. 4

으로 나타났다. 스톡옵션 부여 취소 주식수 또한 172만 2,000주로 전년 동기 483만 1,000주 대비 64.36% 대폭 감소했다. 부여 취소 건수는 24건으로 전년 동기 20건 대비 20.00% 증가했다고 한다. 그러나 우리 기업들 역시 스톡옵션을 전면 폐지하기보다는 대상 규모를 축소하거나 더 엄격하게 운영하는 방향으로 활로를 모색하고 있다고 봐야 할 것이다.

성과 연동형 스톡옵션을 강화한다

한편 성과와 연계를 강화하기 위해 성과 연동형 스톡옵션을 부여하는 방안을 고려해볼 수 있다. 스톡옵션에는 두 가지가 있다. 하나는 고정형 스톡옵션으로, 사전에 설정한 행사 가격 그대로 옵션 행사 시점에 행사할 수 있는 방식이다. 이 방식은 운영이 용이하나, 환율이나 유가, 증시 자금 등 회사 성과 이외의 요인에 따른 주가 지수 상승에 따라 이익이 발생할 경우, 임원들이 자신의 노력이나 성과와 관계없이 큰 보상을 받는 무임승차(Free-Riding) 문제가 발생한다는 한계가 있다.

반면 성과 연동형 스톡옵션은 성과에 따라 스톡옵션 행사 가격, 행사 시점, 행사 수량 등을 유연하게 변동하는 방식으로 실질적 주주 가치 확보에 기반한 보상이 가능하므로 고정형 스톡옵션의 단점을 보완할 수 있다.

즉 고정형 스톡옵션보다 보상 실현 확률이 낮고, 운영이 복잡하다는 단점이 있지만, 좀더 확실한 주주 가치 실현시 보상한다는 측면에서 성과 연동형 스톡옵션을 더 활용해야 할 것이다.

스톡옵션에 대한 우려의 목소리가 있는 것도 사실이다. 회사 성과가 좋지 않은 상황에서 경영진에게 스톡옵션을 과다하게 지급하고 있다는 지적이 있다. 회사가 구조조정과 명예퇴직을 시행하는 상황에서, 경영진이 스톡옵션으로 수십억 원의 평가 차익을 얻는 기업도 있다.

이에 스톡옵션 부여를 통한 경영자의 동기부여도 중요하지만, 그보다는 회사 성과에 대한 합리적이고 공정한 잣대로 평가하고, 투명하게 보상을 결정할 수 있는 시스템을 구비해야 한다. 이를 통해 내·외부적으로 경영자 보상에 대한 이해도를 높여야 한다.

Tip 5 스톡옵션의 종류

스톡옵션의 종류는 크게 고정형(Plain vanilla) 스톡옵션과 성과 연동형 (Performance-based or Indexed) 스톡옵션으로 구분할 수 있다. 고정형 스톡옵션은 부여 시점에 행사 가격, 부여 수량 등이 결정되어 있는 스톡옵션으로 현재 대부분의 미국 기업과 우리나라 기업에서 도입·활용하는 유형이 이에 속한다. 반면 성과 연동형 스톡옵션은 창출 성과에 연동하여 행사 가격, 부여 수량, 효력 발생 기간 등이 결정되는 유형으로, 부여 시점에는 행사 가격, 부여 수량 등이 고정되어 있지 않고 결정 방법 혹은 계산식만이 정해진다.

현재 미국 기업 내에서는 Level 3 Communication 등 소수 기업만 도입·활용하고 있으나 최근 부정 회계 사태와 외부 투자자들의 강력한 요구로 미국 기업에서 도입 필요성이 크게 높아지고 있어 확산될 가능성이 높다. 우리나라 기업의 경우에는 조흥은행, 하나은행 등 은행권에서 일부 기업이 도입·활용하고 있다. 고정형 스톡옵션 부여와 성과 연동형 스톡옵션 부여에 따라 기업이 제공하거나 구성원들이 제공받는 평균적인 보상 가치 사이에 차이가 발생하지는 않는다. 단지 차이가 나는 것은 달성 성과에 따른 보상의 위험도(Risk) 부분이다. 즉 동일 보상 금액을 부여한다고 가정할 경우, 성과 연동형 스톡옵션이 고정형 스톡옵션에 비해 주당 옵션 가치가 낮기 때문에 부여 수량이 많고 높은 성과를 낸 경우에는 향유하는 행사 이익의 규모가 훨씬 클 수 있다.

LG주간경제, 성과 연동형 스톡옵션을 성공적으로 도입하는 길, 2002

우수 경영자 확보와 유지에 경쟁력이 달려 있다

우수 인재 유치·유지 차원에서도 자사의 경영자 보상 경쟁력을 되짚어 봐야 한다. 유능한 경영자나 R&D 연구원 등을 대상으로 우리 기업들 사이에서도 인재 쟁탈전이 벌어지는 것이 오늘날의 현실이다.

이에 국적에 관계없이 능력 있는 경영진을 유인하기 위해서는 글로벌 시대에 부합하는 경영자 보상 체계를 갖출 필요가 있다. 즉 경쟁사에게 좋은 인재, 꼭 유지하고 싶은 인재를 빼앗기지 않기 위해서는 보상에 대한 기대감을 심어주어야 하는데, 이를 위해 스톡옵션이나 스톡 그랜트 등 리텐션 보너스(Retention Bonus) 활용도 고려해볼 수 있을 것이다.

전략, 조직 등 자사에 맞는 고유의 보상 전략을 구축한다

보상 트렌드나 동종 업계 보상 수준을 무작정 좇을 것이 아니라, 회사의 산업 특성, 사업 환경 등을 면밀히 분석하고, 경영자를 효과적으로 동기부여할 수 있는 자사만의 보상 패키지를 개발해야 한다. 즉 경영진의 노력과 공헌이 조직 성과에 어떤 영향을 미치는지, 실제 보상에 사용할 수 있는 재정은 어떠한지, 회사의 라이프사이클은 어떠한지 등 내부 경영 환경을 고려해야 할 것이다(〈그림 3-5〉 참조).

예컨대 혁신과 변화, 혁신과 도전이 절실히 요구되는 사업 초창기나 변혁기에 처한 기업들은 고정급보다는 미래의 창출된 성과에 보상하는 장기 성과급이 더 바람직할 것이다.

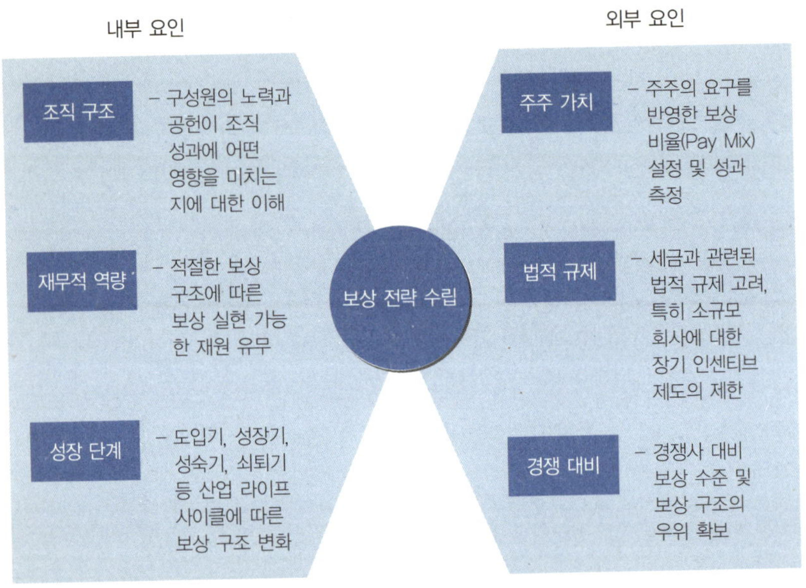

또 경영자 보상의 명확한 원칙을 수립하고, 이와 연계된 보상 정책을 일관성 있게 전개하려는 노력이 필요하다. 일부 대기업을 제외하고는 우리 기업 중 명확한 경영자 보상 철학을 보유하거나, 일관성 있게 시행하는 기업은 그리 많지 않은 것으로 판단된다.

경영자 보상 철학은 기업 경영자들에게 기업 방침에 대한 명확한 메시지를 제공할뿐더러, 일반 사원에게도 분명한 보상 철학과 메시지를 전달하는 기능을 하기 때문에 제대로 운영하는 것이 중요하다. 글로벌 기업의 경우, 사내에 경영진 보상에 대한 명문화된 철학과 원칙(Philosophy & Policy)을 보유하고, 이를 주총위임장권유신고서를 통해 내·외부 이해관계자들에게 공개하고 있다.

GE의 경우를 살펴보자(〈그림 3-6〉 참조). GE는 '주주에게 장기적 관점의 가치를 창출하는 경영진에 대한 보상 및 유지 관점에서 보상 프로그램을 설계'한다는 점을 보상의 목적으로 삼고 있다. 이러한 목적에 기반하여, ① 지속적인 재무적 성과 창출 및 탁월한 리더십 발휘에 대한 보상, ② 경영진과 주주의 장기적 이해관계 일체화, ③ 경영진이 전문성에 기반하여 오랫동안 GE에서 성과를 내며 일하도록 동기부여하겠다는 점을 임원 보상의 기대 효과로 설정하고 있다.

이러한 기대 효과를 달성하기 위해 경영자 보상 설계시 '지속적 성과 중시', '장기 보상 강조', '성과의 질 반영', '개인보다는 회사 성과 중시' 등을 주된 가이드라인으로 설정하여 운영하고 있다.

〈그림 3-6〉 GE의 경영자 보상 설계의 가이드라인

'지속적 성과' 중시	특정한 해가 아니라 '일정 기간' 지속적으로 높은 성과 창출에 대한 보상 • '단기 및 장기 성과급 수준 결정시, 과거 지속적 성과 창출 정도, 향후 예상되는 성과 기여도 등을 고려하여 경영개발보상위원회 결정
장기 보상 강조	'단기 성과급보다는 장기 성과급', '현금 보상보다는 주식 보상'을 통해 장기적 회사 성과에 연동한 '위험에 대한 보상(Pay-at-Risk)' 강조 • 장기 성과급 비중을 높게 설정하며, 보상은 주식으로 부여해 장기 보상 강조
질적 성과 반영	재무(양적) 성과 목표 달성도뿐만 아니라, 질적 성과*를 반영하여 보상 수준 및 구성 결정 • 단기 성과급을 제외하고는, 공식에 의하지 않고 이사회가 판단해 결정
개인과 회사 성과 균형	개인 성과에만 의존하기보다는 회사 성과에 대한 기여도 관점에서 보상(경영진 팀으로서 공동 책임 사상)

* Integrity, Good Judgment, Vision, Ability to Lead, etc.

경영자 보상의 투명성을 강화한다

주주들에게 경영진 선발, 평가, 보상 관련 정보를 객관적이고 투명하게 전달함으로써 경영의 투명성을 높이고 건전한 지배구조를 보유해야 한다. 주주 가치를 높이고 경영의 투명성 제고 차원에서 보상위원회를 적극적으로 활용해야 할 시점이다. 경영진은 사업과 조직 운영의 중심 축으로, 이들의 성과에 대한 평가나 보상은 주주 가치와 직접적으로 얽혀 있기 때문에, 경영진의 보임이나 능력, 성과에 따른 보상 여부에 대한 정보는 이해관계자들의 투자 의사결정에 매우 중요한 역할을 한다.

현재 우리 기업의 경우, 상장 및 등록 기업은 사업보고서에 등기 임원 보수 내역을 경영자 개인별로 기재토록 하고 있으나, 경영진 전체에 지급되는 총액만 공시토록 하고 있다. 이 경우 주주들이 어떤 기준으로 경영자의 업적을 평가하고, 보수를 어떻게·얼마나 지급했는지 판단하기에는 어려움이 상당할 수밖에 없다.

작년 말 스탠더드 & 푸어스는 한국 기업이 이해관계자에 대한 공시 제도를 제대로 시행하지 않고 있으며, 사외 이사가 경영진을 감시·견제하는 균형 세력 역할을 제대로 수행하는지 의문이라고 지적한 바 있다.

국내 기업들의 보상위원회 개설 현황은 한국기업지배구조개선지원센터가 2004년에 조사한 자료를 보면, 보상위원회를 설치한 기업이 671개 상장 회사 중에는 26개, 868개 코스닥 기업 중에는 6개에 불과한 것으로 나타났다.

사실 우리나라 기업의 경우 최고경영자의 보상에 대한 내용은 기업 임직원들도 정확히 알 수 없을 정도로 불투명하다. 보상 관리가 불투명하면 경영 책임도 불분명할 수밖에 없다. 이러한 문제점은 대기업 부도가 이어지면서 여실히 드러났다. 최고경영자의 보상 관리가 불투명했던 가장 주된 이유는 이사회의 기능이 유명 무실했기 때문이다.

기업의 이사회는 대부분 사내 이사 위주로 되어 있고 최고경영자가 이사장을 맡고 있다. 따라서 최고경영자가 마음만 먹으면 얼마든지 기업의 장기적인 경쟁력을 희생시키고 자신의 이익 위주로 경영할 수 있었다. 이러한 지배구조 문제로 최고경영자들은 기업의 성과와 상관없이 높은 보상을 받을 수 있었다.

그러나 이제 우리 기업도 최고경영자 보상 관리의 투명성을 확보해야 할 시점이다. 앞으로 기업의 지배구조가 개선되고 전문경영인 체제가 정착되면 이사회가 실제적인 역할을 할 것이고 최고경영자의 보상을 어떻게 지급할 것인지가 중요한 문제로 대두될 것이다. 최고경영자가 능력을 최대한 발휘할 수 있도록 전략적인 성과 목표와 연계된 보상 제도를 개발하는 것이 시급한 과제다.

경영자 보상 관리를 투명하게 하고 이에 대한 내부적 공감대가 형성된다면 구성원과 경영진 사이에 신뢰 관계가 구축될 수 있을 것이다. 또 외부적으로는 경영자 보상 공개가 투자자들의 투자 의사결정에도 큰 도움이 될 수 있을 것이다. 왜냐하면 경영자의 보상 공개는 경영 능력, 경영 실적과 주가의 관계, 투자자들의 이익 분배 기준 등에 대한 자료로 사용될 수 있기 때문이다. 글로벌 기업들은 이미 보상위원회를 운영하고 있으며 주총위임장권유신고서를 통해 주주들에게 경영진에 대한 보상 내역을 투명하게 공개하도록 의무화하고 있다.

미국의 경우, 특히 상위 Top 5명에 해당하는 경영진에 대한 보상 내역은 사업보고서의 보조 문서인 주총위임장권유신고서(Proxy Statement)를 통해 주주들에게 투명하게 공개하도록 의무화하고 있다. 또 보상위원회 보고서에 '보상위원회 구성, 이사회의 독립성, 보상 결정의 기본 철학, 보상 요소 및 요소별 산정 기준, 경영진의 주식 소유 가이드 라인' 등을 명확히 기재하도록 하고 있다. 이를 통해 성과와 무관한 과다 보상을 방지하고 주주 이익을 높이는 방향으로 경영자 보상 제도를 운영하게 도와줌으로써 기업 가치와 경영의 투명성을 제고하는 것이다.

예컨대 델은 주총위임장권유신고서에서 경영진 보수라는 부분에 보상위원회 보고, 보수 요약표, 스톡옵션 부여 현황, 기타 보수, 경영권 변동시 특약 등 중요 보수 관련 정보를 제공하고 있다. 또 존슨앤드존슨, IBM 등도 역시 경영자 보상 현황은 물론 재무 및 전략적 성과 지표를 선정한 배경에 대해 투명하게 공시하고 있다(〈그림 3-7〉, 〈그림 3-8〉 참조).

〈그림 3-7〉 존슨앤드존슨의 성과 지표 및 선정 배경(예)

	성과 지표	선정 배경
재무 성과 지표	매출성장률	• 회사의 재무 성과를 나타내는 최고의 지표 • 미래의 현금 창출력을 가늠하는 지표
	순이익	회사의 현재 재무 성과 및 현금흐름을 가늠하는 중요한 지표
	현금흐름	• 부채를 갚고, 미래의 수익성 있는 사업 투자 여력 결정 • 배당 지급 여부를 가늠하는 지표
	주당순이익	주주 가치를 판단하는 지표
전략 성과 지표	R&D 파이프라인	회사의 지속적 성장을 위해서는 시장에 꾸준히 출시할 신제품 후보군 확보
	명성	• 회사의 브랜드 경쟁력 제고 • '신조(Credo)', '기업의 사회적 책임' 등의 준수 여부를 가늠하는 지표

보상 요인	대 상	개 념	보상의 목적
기본급	모든 경영자 (CEO · 등기이사 포함)	시장 대비, 경쟁력 있는 수준으로 기본급 제공	• 우수 경영자 확보 · 유지 • 높은 사업 성과를 창출하도록 동기부여
성과급	모든 경영자	• 시장 경쟁력을 확보하는 수준으로 현금 보상 • 개인별 사전에 성과급 목표를 설정하고 목표 달성도에 따라 차등 지급하는 타깃 방식 • 개인 및 조직 성과와 연동 (저성과자에게 성과급 미지급)	• 우수 경영자 확보 · 유지 • 높은 사업 성과를 창출하도록 동기부여 • 개인 및 팀 성과에 따라 성과급 차등
팀 성과급	부사장, 시니어 부사장	• 팀원간 협력 도모, 사업부간 통합 촉진 목적 • 현금 보상	• 높은 사업 성과를 창출하도록 동기부여 • 팀 성과에 따라 성과급 차등
성과급 주식	450여 명의 경영자 (등기이사 포함)	• 개인 성과에 따른 주식형 보상 • 주당순이익 및 현금흐름의 목표 달성도를 기준으로 3년 단위 평가 • 미래 성과와 보상을 연동하여 지속적 · 장기적 성장 유도	• 경영자와 주주 이해관계의 연계 • 우수 경영자 확보 · 유지 • 높은 사업 성과를 창출하도록 동기부여

특히 이 공시 자료에는 경영자의 보상 결정에 관련되는 이해관계자들과 각 이해관계자들이 회사의 경영자 보상 정책 수립 과정에서 어떠한 역할을 하는지에 대해서도 공시하고 있다. 존슨앤드존슨의 경우, 보상위원회, 회장 · CEO, 보상 전문 컨설턴트 등의 상세한 역할을 공개하고 있다.

• 보상 · 복리후생위원회(Compensation & Benefit Committee)

① 이사회를 대신하여 회사 전반의 보상 및 복리후생 프로그램 설계 가이드 마련

② 보상 철학 개발 및 임원 보상 수준과 구성 결정을 위한 동종업계 선
정 등에 대한 의견 제시

③ 경영자 보상이 회사 성과와 연계되는지 여부 검토

④ 이사회가 평가한 회장·CEO 성과 평가에 기초하여 회장·CEO 보
상 결정

⑤ 모든 경영진의 보상 관련 의사결정 승인(기본급 수준, 단기 성과급, 장
기 성과급, 복리후생 등)

⑥ 일반 구성원에 대한 장기 성과급 지급 승인

• 경영보상위원회(Management Compensation Committee)

경영진을 포함한 관리자 계층에 적용되는 보상 프로그램 및 인적 자원
관리 정책 설계

• 회장·CEO

경영진의 성과 평가 및 보상에 대한 의견을 위원회에 제안

• 보상 컨설턴트(Compensation Consultant)

① 정기적으로 위원회 미팅에 참석하여 경영자 보상 프로그램이 회사
의 전략적 사업 목표와 연계되는지 검토

② 경영자 보상을 회사 성과와 연계하는지 검토

③ 시장의 경영자 보상 수준·구조 등을 검토하고, 회장·CEO 보상 결
정시 위원회에 자문

④ 회장·CEO가 제안한 경영자 보상 검토

최근 우리 기업 역시 경영자 보상에 대한 공시 의무가 강화되면서, 투명한 경영자 보상 체제에 대비해야 할 필요성이 커지고 있다. 예컨대 금융감독원은 2008년 1월, 상장사들은 2007회계연도 사업보고서 작성 때부터 스톡옵션(주식매수청구권)에 대해 잔여 주식수, 가중평균 행사 가격, 임원의 전체 보수 대비 총액(공정가치) 비중 등을 기재해야 하며 스톡옵션 부여 사실 공시 때는 공정 가치와 스톡옵션을 받는 임직원의 현 직위도 공시해야 한다고 의무화했다.

글로벌 기업의 경영자 보상 프랙티스 사례

1. GE
2. IBM
3. P&G
4. 휴렛팩커드
5. 다우
6. 델
7. 듀폰
8. 3M
9. 제록스
10. 시스코

1. General Electric(2008 Proxy Statement)

본사 : 미국, 코네티컷주 페어필드

사업분야 : 전기, 전자, 의료, 항공, 금융 등

CEO : 제프리 이멜트(Jeffrey R. Immelt)

매출 : 1,730억 달러

이익 : 225억 달러

종업원 수 : 327,000명

〈경영자 보상 철학〉

경영자 보상 프로그램은 '주주를 위한 장기적 가치를 창조하는 리더에게 보상' 하는 것을 목적으로 한다.

- 지속적 재무 성과 창출 및 탁월한 리더십 발휘에 대한 합당한 보상
- 경영자와 주주의 이해관계를 통한 주주 가치 관점의 경영 유도
- 전문성을 발휘하며 회사에서 장기적으로 근무하도록 동기부여

〈보상 패키지 구성〉

기본급, 단기 성과급, 장기 성과급, 연금·복리후생 등으로 구성되어 있다. 최고경영자(CEO)의 보상 요소별 구성 비중(연금·복리후생 제외)을 보면 기본급 17%, 단기 성과급 30%, 장기 성과급 53%로 구성되어 있다.

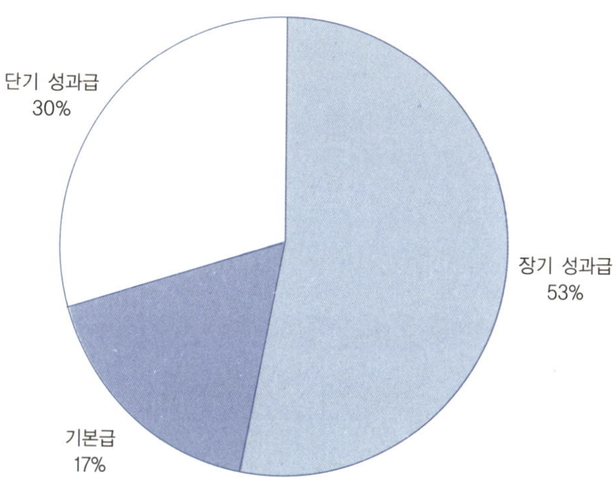

〈그림 1〉 GE의 최고경영자 보상 비중(2007)

〈보상 요소별 주요 특징〉

🔳 기본급

◆ 기본급의 절대 수준은 책임의 크기(포지션 가치), 리더십, 성과 수준, 재직 기간 등을 고려해 차등하여 설정한다.

◆ 기본급 인상은 경영진이 현재 받고 있는 기본급의 절대 수준 및 외부 경쟁 기업(Peer Companies)과 정기적으로 비교하며 적정 수준을 인상한다.

◆ 경영자의 기본급은 약 18개월 단위로 검토하여 개선 여부를 결정한다.

❖ 단기 성과급

◆ CEO 및 등기이사(Nominated Executive)의 단기 성과급은 매년 2월에 전년도 성과 목표 달성도를 평가하여 현금으로 보상한다.

◆ 등기이사의 성과 목표 달성도는 경영개발보상위원회(MDCC)가 결정한다.

〈그림 2〉 CEO의 단기 성과 평가 지표

구 분	성과 지표 및 목표		성과(실제 달성도)
재무 성과 목표	매출액(in $ billions)	160~165	163.4
	영업이익(in $ billions)	20~22	20.5
	-EPS($ per share)	1.92~2.02	1.98
	-영업활동에 의한 현금흐름 (in $ billions)	24~25	24.6
	-ROTC(%)	17~18	18.4
전략 및 운영목표	-사업 부문별 균형적인 성장		14개 중 11개 사업 부문에서 10% 이상 이익 증가
	-건전한 재무 구조 및 현금 유동성 확보		기업 신용 평가 A+++
	-사업 포트폴리오 개선		개선한 포트폴리오에 대해 이사회 승인 얻음
	-8%의 Organic Growth		9% 성장 달성
	-핵심 인재 유지		핵심 인재 중 95% 유지
	-위기 관리 및 기업 브랜드 가치 제고		세계에서 존경받는 기업 중 하나로 선정 Fortune(1위), Barron(2위), Financial Times(2위)
	-투자자와 지속적인 커뮤니케이션		연 350회 이상 투자 설명회 개최

❖ 장기 성과급

주식형 장기 성과급과 현금형 장기 성과급으로 구성되어 있다.

① **주식형 장기 성과급(Equity Incentive Compensation Program)**

주식형 장기 성과급은 크게 스톡옵션, 양도제한조건부주식, 성과급 주식으로 구성되어 있다.

□ 스톡옵션과 양도제한조건부주식

◆ 대상

경영개발보상위원회가 지정한 등기이사

◆ 지급 수량·규모 결정

경영개발보상위원회에서 회사의 성과, 경영진 개인의 책임의 크기, 성과, 리더십 등을 고려하여 개인별로 총부여할 주식형 장기 성과급 규모를 1차적으로 결정하고, 그 안에서 스톡옵션과 양도제한조건부주식 비중을 1:1로 구성

◆ 통상 스톡옵션 3주에 양도제한조건부 주식 1주 비율로 환산해 부여

◆ 장기 성과 지표

스톡옵션은 5년 후의 주가, 양도제한조건부주식은 3년 또는 5년 후의 주가

◆ 행사·양도 조건

스톡옵션은 5년간 행사를 제한하며 매년 20%씩 5년간 균등 분할하여 옵션 부여(5년간 행사 가능). 양도제한조건부주식은 50%는 3년, 50%는 5년간 매매를 제한하며, 해당 매매 제한 기간에는 매년 주식으로 배당 지급

□ 성과급 주식

◆ 대상

CEO(사업의 리스크를 감당하면서 주주 가치에 대해 최종 책임을 져야 하는 사람은 CEO라는 사상)

◆ 지급 수량·규모 결정 : 경영개발보상위원회에서 결정

◆ 장기 성과 지표

평균 현금 흐름 성장률(Average Cash Flow Growth)과 S&P 500 대비 총주주가치창출분(TSR over S&P 500) 두 가지 지표로 평가

- 5년간 평균 현금흐름 성장률 10% 이상시, 사전에 목표 설정한 성과급 주식 보상 금액의 50% 지급
- 5년간 총주주가치창출분이 S&P 500보다 높을 경우, 사전에 목표 설정한 성과급 주식 보상 금액의 50% 지급

◆ 행사·양도 조건

5년 후 주식으로 지급

② 현금형 장기 성과급(Long-Term Performance Cash Award)

◆ 시행 취지

경영개발보상위원회가 주주 가치에 기여할 것이라고 생각하는 중요한 재무 성과 목표를 설정하고 3년 후에 이를 평가하여, 달성하면 현금으로 보상하는 제도로, 현금으로 보상하기 때문에 강력한 동기부여 및 우수 경영자 유지에 효과적이라고 판단한다.

◆ 지급 대상

경영개발보상위원회가 지정한 경영진(CEO 제외) 및 우수 리더

◆ 지급 수량·규모 결정 방법

3년 후의 연봉(기본급+단기 성과급)을 예측하여 경영자 개인별 목표 금액(Target)을 설정하고 성과 평가 결과에 따라 차등 지급

◆ 장기 성과 평가 기표

각 25%의 가중치를 가진 4개의 성과 지표로 구성

- 평균 주당순이익 성장률(Average earnings per share growth rate)
- 평균 매출성장률(Average revenue growth rate)
- 누적 총자본수익률(Cumulative return on total capital)
- 누적 현금흐름(Cumulative cash flow from operating activities)

◆ 평가 및 지급 시기

3년 후 평가, 현금 일시 지급

◆ 평가 방식

- 목표 달성도를 3단계로 평가
- Threshold(80% 달성) : 75%, Target(100% 달성) : 150%, Maximum(120% 달성) : 200%
- 4개 지표의 성과가 모두 Threshold 수준 이상시 장기 성과급 목표 금액의 75% 지급

❖ 이연 보상(Deferred Compensation)

◆ 시행 취지

우수 경영자 유지, 장기 경영 마인드 고양, 절세 효과

◆ 개념

기본급과 장·단기 성과급의 일정 부분을 일정 기간 이연했다가 차후 보상받는 제도로, 시장 이자율 이상의 수익률 보장(8.5~14%)

◆ 운영 방식

이연 보상 프로그램 참여자들은 GE 주식, S&P 500 주가 지수 연동형 주식, 현금 중 하나 선택 가능

- 참여자는 1년에 4번 상품 변경 가능
- 주식을 선택한 경우에는 배당 수익
- 현금을 선택한 경우 미국 정부채권 혹은 10년, 20년 회사채 등
- 안전 자산에 투자
- SEC에서 정한 위험성 높은 상품은 구성 금지(수익률에 의해 매월 개인 계좌에 적립)

◆ 대상

등기 임원을 포함한 임원과 소득세 대상자 4,000여 명

◆ 이연 규모

- 장ㆍ단기 성과급의 전부 혹은 일부
- 기본 연봉의 최대 10~50%까지(단, 등기임원은 참여 제한)

◆ 이연 기간

통상 5년간 이연(단, 등기이사의 경우 퇴직시 지급)

◆ 지급 방식

지급 시점에서는 일시불 지급 혹은 10년, 15년, 20년 연금 형태로 지급

2. IBM(2008 Proxy Statement)

본사 : 미국, 뉴욕주

사업분야 : IT 종합 솔루션 업체

CEO : 샘 팔미사노(Sam Palmisano)

매출 : 980억 달러

이익 : 104억 달러

종업원 수 : 386,558명

〈경영자 보상 철학〉

IBM의 경영자 보상의 주요 원칙은 다음과 같다.

- 주요 의사결정 및 경영 활동이 주주 가치 제고 관점에서 될 수 있도록 보상 프로그램 설계
- 보상 경쟁력을 확보해 치열한 글로벌 마켓에서 높은 성과를 창출할 수 있는 핵심 인재 확보 · 유지
- 구성원 동기부여를 위해 창출한 성과의 수준에 따라 차등적인 보상 실시
- 보상 수준 결정시 개인의 성과뿐만 아니라 조직의 성과 고려
- 장단기 성과에 대한 균형적인 보상을 통해 지속적인 성장 중시

〈보상 패키지 구성〉

기본급, 단기 성과급, 장기 성과급, 연금·복리후생 등으로 구성되어 있다. CEO의 보상 요소별 구성 비중(연금·복리후생 제외)을 보면 기본급 10%, 단기 성과급 33%, 장기 성과급 57%로 구성되어 있다.

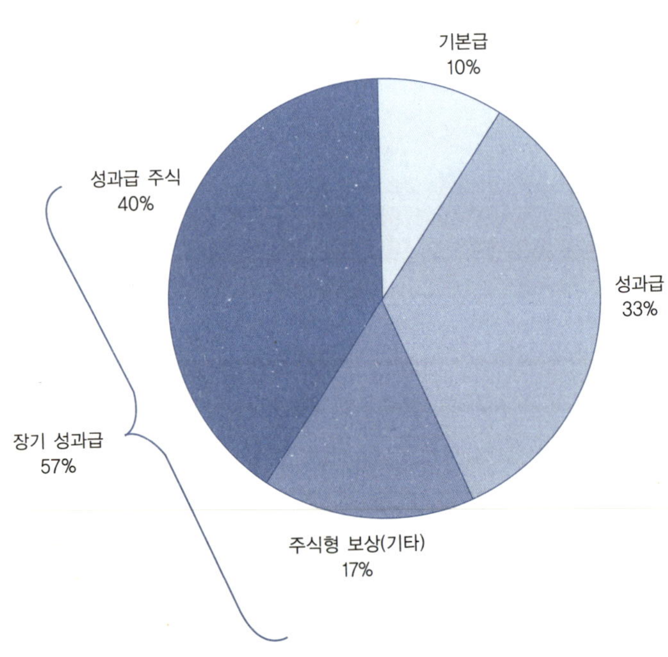

〈그림 3〉 IBM의 CEO 보상 비중(2007)

❖ 기본급

직책, 직무 유형에 따라 총보상 대비 평균 10~15% 수준으로 차등 책정

❖ 단기 성과급

단기 성과급은 크게 두 가지로 구성된다.

① 성과급(Annual Incentive)

◆ 성과급은 매년 경영 성과의 목표 달성도에 따라 차등 지급

◆ 성과 지표는 재무 성과 지표(매출성장률, 순이익, 현금흐름) 및 개인별
  성과 지표로 구성되며, '개인 사업 약정서(Personal Business
  Commitment)' 에서 목표 수준 설정 및 달성도 평가

  – 재무 성과 지표(성과 지표, 가중치, %)

  • 순이익, 60%

  • 매출성장률, 30%

  • 현금흐름, 10%

  – 개인별 성과 지표(최고경영자의 경우)

  • 재무 성과 목표 달성도

  • 고객 만족도 개선

  • 글로벌 차원에서의 전사 통합적 운영

  • 소프트웨어 및 서비스 분야에서 시장 경쟁력 강화

  • 고성장 국가에서 성장(20% 이상 매출 성장)

  • 기업 인수를 통한 재무 성과 향상 등

◆ 성과 달성시 지급할 성과급 목표 금액 기준으로 0~200%까지 차등
  설정

◆ 성과에 따른 보상 차등을 강화하여 최고 성과자는 매우 많이 보상받
  으나, 저성과자는 성과급을 전혀 받지 못하는 보상 메커니즘

② 팀 성과급(Team Incentive)

◆ 경영진의 팀워크를 강화하고자 신설하였으며, CEO를 제외한 시니
  어 경영진에게 지급(시니어 경영진 총보상의 약 5% 구성)

◆ CEO와 보상위원회 협의 아래 0~250,000달러까지 정액 균등 지급

❖ 장기 성과급

장기 성과급은 크게 두 가지로 구성된다.

① 성과급 주식(Performance Share Unit Grants)

◆ 개념
  주주 가치 제고에 도움이 된다고 판단되는 재무 성과 지표를 선정, 3
  년 후에 평가하여 주식으로 보상

◆ 대상
  시니어 경영진(약 450명)

◆ 지급 수준
  총보상의 30~40% 수준

◆ 성과 지표 및 평가
  주당순이익(가중치 80%)과 현금흐름(가중치 20%) 두 가지 지표 평가,
  목표 달성도 평가
  - 두 가지 성과가 목표치의 70% 수준인 경우(Threshold) : $x \times 25\%$
  - 두 가지 성과가 목표치에 도달할 경우(Target) : x
  - 두 가지 성과가 목표치의 120% 수준인 경우(Maximum) : $x \times 150\%$

◆ 3년 후 주식으로 보상

② **주식형 보상(Stock-Based Grants)**

◆ 개념

장기적 주주 가치 제고 차원에서 주가와 연동한 보상(스톡옵션, 양도제

한조건부주식 또는 이 두 유형의 조합으로 지급)

◆ 모든 경영진 대상

◆ 지급 수준

총보상의 17~19% 수준

◆ 성과 지표 및 평가

3년 또는 4년 후 주가

◆ 3년 또는 4년 후 옵션 행사 또는 양도

3. P&G(2007 Proxy Statement)

본사 : 미국, 오하이오주 신시내티

사업분야 : 생활용품 제조업체

CEO : 앨런 래플리(Allen G. Lafley)

매출 : 765억 달러

이익 : 155억 달러

종업원 수 : 138,000명(80여 개국)

〈경영자 보상 철학〉

P&G의 경영자 보상의 주요 원칙은 다음과 같다.

- 최고의 성과 창출 촉진 : 회사 전체, 사업부, 개인별 성과 목표를 초과 달성하도록 동기부여
- 장기적 성공에 초점 : 장기적 성공에 초점을 두고, 주주 가치를 지속적으로 높이는 경영을 하도록 유도
- 우수 경영자 유지 : 탁월한 성과를 창출한 우수 경영자가 떠나지 않고 오래 근무하면서 회사 성공에 기여하게 만드는 보상
- 주인 의식 : 주식형 보상을 통해 경영자들이 회사에 대해 주인 의식을 가지고 경영하도록 유도

〈보상 패키지 구성〉

기본급, 단기 성과급, 장기 성과급, 연금 · 복리후생 등으로 구성되어 있다. CEO의 보상 요소별 구성 비중(연금 · 복리후생 제외)을 보면 기본급 7%, 단기 성과급 13%, 장기 성과급 80%로 구성되어 있다.

〈그림 4〉 P&G의 CEO 보상 비중(2006)

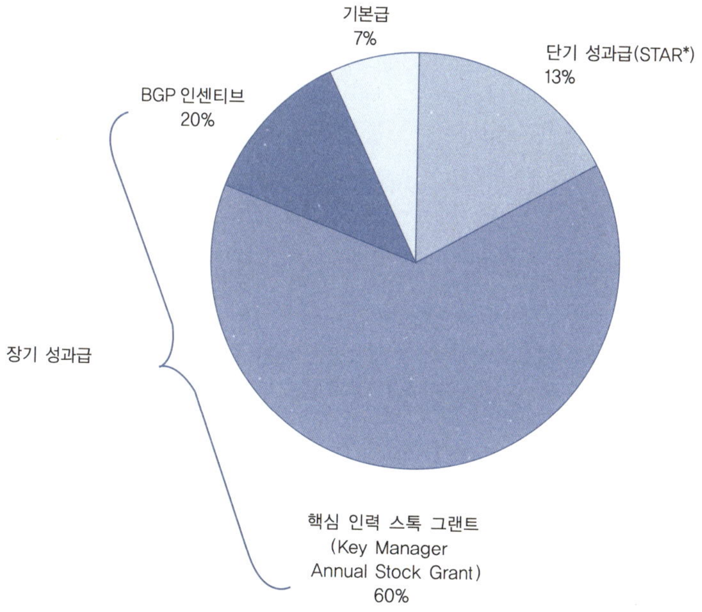

* Short-Term Achievement Reward

❖ 기본급

회사 내 책임의 크기(포지션)에 따라 차등하여 설정하며, 성과급 및 퇴직금 산정 기준으로 활용

❖ 단기 성과급

단기 성과급은 다음과 같은 산식으로 결정한다.

<그림 5> 단기 성과급 산출 공식

<table>
<tr><td>단기 성과급 타깃 금액(기본급의 85%)</td><td>×</td><td>전사 사업 성과(%)</td><td>×</td><td>사업부 성과(%)</td><td>×</td><td>질레트 통합 성과(%)</td><td>=</td><td>실 단기 성과급 보상 금액</td></tr>
</table>

◆ 전사 사업 성과(Total Company Factor)

80~130%의 가중치를 갖고 있으며, 경쟁사 대비 총주주가치창출분과 주당순이익의 목표 달성도로 평가

◆ 사업부 성과(Business Performance Factor)

53~167%의 가중치를 갖고 있으며, 사업부 성과에 따라 평가

• 양적 성과 지표 : 매출, 시장점유율, 수익, 현금흐름(Operating Cash Flow) 등

• 질적 성과 지표 : 경쟁사 대비 성과, 사업부간 협조 수준, 혁신 및 전략의 질적 수준, 윤리 규정 준수 정도 등

◆ 질레트 통합 성과(Gillette Integration Factor)

80~130%의 가중치를 갖고 있으며, 질레트 합병 후 이를 통합하는 과정에서 성과 목표를 설정하고 평가

◆ 현금, 양도제한조건부주식, 스톡옵션, 이연 보상 중에서 경영자가 어떤 방식으로 보상받을지 선택 가능

❖ 장기 성과급

① 스톡옵션 방식(Key Manager Annual Stock Grant)

◆ 개념

　일종의 스톡옵션으로 3년간 행사 제한된 스톡옵션을 매년 분할 지급

◆ 지급 대상

　모든 임원 및 시니어 경영진의 약 10%

◆ 지급 대상 및 수량 결정

　• 개인별 목표 금액을 설정하되, CEO가 보상위원회에 목표 금액의
　　최대 50% 가감 건의 가능

　• 보상위원회에서 개인별 성과를 검토한 후 최종 지급 규모 결정

◆ 성과 평가 지표

　3년 후의 주가

◆ 행사 · 양도 조건

　3년간 행사 제한(10년 만기)

② 성과급 주식 방식(Business Growth Program Three-Year Incentive)

◆ 개념

　3년 후 성과를 평가하여 주식으로 보상

◆ 지급 대상

　모든 시니어 경영자 및 등기이사

◆ 지급 대상 및 수량 결정

　개인별 목표 금액 설정

　• CEO : 기본급의 6배

　• 경영자 : 기본급의 3배

◆ 성과 평가 지표

  3년 후의 주당순이익 및 총주주가치창출분을 목표 달성도로 평가

◆ 행사·양도 조건

  • 50%는 3년간 양도를 제한한 양도제한조건부주식으로 지급하고,
   나머지 50%는 양도제한조건부주식, 현금, 이연 보상 중에서 선택
   가능

  • 3년 동안 매년 평가하여 두 가지 성과 목표를 달성한 경우에 한해
   중간 정산 가능(1년차, 2년차 각각 예상 금액의 30% 부여)

◈ 이연 보상(Executive Deferred Compensation Plan)

◆ 목적

  우수 경영자 유지, 장기 경영 마인드 유도, 절세 효과

◆ 대상

  시니어 경영자(강제가 아닌 개인의 선택)

◆ 이연 규모

  보상의 일정 금액 이연 가능

  • 기본급 : 최대 50%

  • 단기 성과급 : 최대 100%

  • 장기 성과급 : 최대 50%

◆ 이연 기간

  최소 1년 이상, 최대 퇴직시까지 이연

◆ 지급 방식

  • 지급 시점에서는 일시불 지급

  • 퇴직, 사망 등의 경우 일시불 또는 분할(10년 이상) 지급 중 선택

4. 휴렛팩커드(2008 Proxy Statement)

본사 : 미국, 캘리포니아주 팔로 알토

사업분야 : 컴퓨터 · 사무기기 전문업체

CEO : 마크 허드(Mark V. Hurd)

매출 : 1,043억 달러

이익 : 87.2억 달러

종업원 수 : 150,000명(170여 개국)

〈경영자 보상 철학〉

휴렛팩커드의 경영자 보상 원칙은 다음과 같다.

- 기본적으로 기본급, 성과급, 장기 성과급, 복리후생 등 총보상(Total Reward) 관점에서 보상을 설계하는 것을 원칙으로 함

- 경영진의 경우, 성과주의 보상을 원칙으로 하여, 총보상의 70~90%는 회사의 재무 성과에 연동한 성과급, 10~30%는 기본급 및 복리후생으로 구성함

- 성과급 중에서 20~25%는 매년 성과 목표 달성에 연동하는 단기 성과급, 75~80%는 장기 성과에 연동한 장기 성과급으로 구성

- 장기 및 단기 성과급의 균형을 이뤄 단기적 성과 창출 노력을 이끌어 냄과 동시에 장기적 주주 가치 제고를 위한 동기부여 촉진

〈보상 패키지 구성〉

기본급, 단기 성과급, 장기 성과급, 연금·복리후생 등으로 구성되어
있다.

❖ 기본급

◆ '성과주의 보상'이라는 휴렛팩커드의 보상 철학에 기반하여, 경영자
의 기본급 수준은 높지 않게 설정(총보상의 10~20% 수준)

◆ 우수 경영자를 유치·유지할 수 있을 정도로 대외적 경쟁력 확보

❖ 단기 성과급

◆ Pay-for-Results Plan(PfR)에 근거해 매년 성과에 따른 차등 보상

◆ 매출액(가중치 50%)과 순이익액(가중치 50%)으로 평가

◆ 전사 성과와 사업부(Business Unit) 성과의 균형

　• CEO 및 본사 기능 담당 경영진 : 전사 성과 가중치 100%

　• 사업부 담당 경영진 : 전사 성과 가중치 50% + 담당 사업부 성과
　　가중치 50%

❖ 장기 성과급

◆ 장기 성과급은 장기 성과 현금 프로그램(LTPC : Long-Term
Performance Cash Program), 스톡옵션, 양도제한조건부주식 등으
로 구성된다.

　• 스톡옵션 : 회사의 성과 공유 및 경영에 대한 적극적 참여 마인드
　　고취 차원에서 1960년대 도입

• 장기 성과 현금 프로그램 : 장기 성과(3년) 목표 달성을 촉진하는 차
  원에서 주식과 현금으로 보상
• 양도제한조건부주식 : 우수 임원 유치 차원에서 소수 임원에게 특
  별한 경우(예, 외부 인재 유치시) 주식 지급

❖ 장기 성과 현금 프로그램

◆ 개념

3년 후 일정 재무 성과 목표 달성 여부에 따라 보상

◆ 대상

시니어 경영진

◆ 부여 수량 결정

기본적으로 총장기 성과급 지급 수량은 동종 업계 회사에서 유사한
포지션·역할을 담당하는 경영자가 받는 장기 성과급의 50~75% 수
준으로 책정(사업상의 책임·영향력이 큰 경영자는 75% 수준으로 책정)

◆ 성과 평가 지표

매출 대비 현금흐름(Cash flow from operations as a percentage of
revenue)과 S&P 500 대비 총주주가치창출분(Total Shareholder
Return)

◆ 지급

3년 후 성과 목표 달성도에 따라 현금으로 보상

5. 다우(2008 Proxy Statement)

본사 : 미국, 미시간주 미들랜드

사업분야 : 화학 제품

CEO : 앤드류 리베리스(Andrew N. Liveris)

매출 : 535억 달러

이익 : 29억 달러

종업원 수 : 46,000명(170여 개국)

〈경영자 보상 철학〉

경영자 보상 프로그램의 목적은 다음과 같다.
- 경쟁력 있는 보상을 통해 우수 경영자 확보·유지, 동기부여
- 회사의 성과 목표 달성을 위한 동기부여

경영자 보상 설계의 주요 원칙은 다음과 같다.
- 성과 중시(Drive Company Results) : 성과에 따른 보상을 차등하는 변동급 비중 강화(등기 임원 총보상의 약 80%)
- 주주 가치와 연계 : 재무 성과뿐만 아니라 주가가 높아야만 보상이 커지는 방식으로 보상(주주와 경영자 보상 연계)
- 주식형 보상을 채용해 경영자의 주인 의식 강화(주식 보유 가이드라인 운영)

〈보상 패키지 구성〉

기본급, 단기 성과급, 장기 성과급, 연금·복리후생 등으로 구성되어 있다. CEO의 보상 요소별 구성 비중(연금·복리후생 제외)을 보면 기본급 13%, 단기 성과급 19%, 장기 성과급 66%로 구성되어 있다.

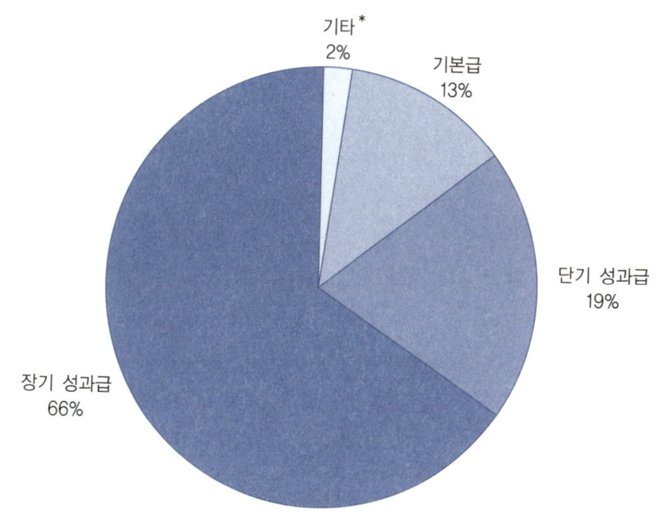

〈그림 6〉 다우의 등기이사 보상 비중(2006)

❖ 기본급

◆ 경영자 개인의 역량·기술, 책임의 크기, 경험, 과거 성과를 고려하여 차등

◆ 기본급 수준은 동종 업계의 유사한 직무·포지션을 대상으로 보상
수준 서베이를 실시하고 중위수(Median) 수준으로 책정
◆ 기본급 인상은 경쟁사 수준, 경영자의 현재 기본급 수준, 회사 성과
기여도를 종합적으로 고려하여 결정

❖ 단기 성과급

◆ 단기 성과급(Annual Performance Award)은 회사 성과와 개인 성
과를 각각 75%, 25% 비중으로 평가하며, 현금으로 지급
 – 회사 성과는 두 가지로 구성(성과 지표, 가중치, %)
  • 경제적 이익(Economic Profit, 50%)
  • 비용 관리(Cost Management, 25%)
 – 회사 전략과 연계된 목표 달성도로, 연초 보상위원회에서 목표를 설
정한 후 연말에 심의·평가
  • 비용 경쟁력 등 재무적 측면의 목표 달성도
  • 지속적 성장을 위한 토대 마련
  • 사람 중심의 성과주의 문화 정착
  • 전략적 성장에 대한 투자
◆ 성과 목표 달성도에 따라 성과급 목표 금액(Target=α)의 최대 200%
까지 지급(단, α는 사전에 설정하지 않고 사후 결정)
Threshold : 0%, Target : α, Maximum : 2α

❖ 장기 성과급

◆ 장기 성과급은 스톡옵션, 이연 주식, 성과급 주식 등으로 구성되어
있으며, 총지급할 장기 성과급을 각각 50%, 25%, 25%로 배분하여

목표 금액 설정

◆ 스톡옵션은 3년간 행사를 제한(3년간 균등 분할 지급)하며 10년간 행사 가능

◆ 이연 주식은 우수 경영진 유지를 목적으로 3년 후의 주식으로 지급하며, 해당 기간 배당금 지급

◆ 성과급 주식은 3년 후 재무 성과 목표 달성시에 주식으로 지급하는 보상

자본수익률이 산업 평균(10%) 이상이면 목표 금액의 100%를 지급하며, 최대 250%까지 지급

6. 델(2007 Proxy Statement)

본사 : 미국, 텍사스주 라운드록

사업분야 : 컴퓨터

CEO : 마이클 델(Michael S. Dell)

매출 : 611억 달러

이익 : 34억 달러

〈경영자 보상 철학〉

델은 다음과 같은 전략 목표를 설정하고 있다.

- 글로벌화(Globalization) : 사업을 전 세계로 진출 · 확장하여 수익성 있는 성장 가속화 지향
- 제품 리더십(Product Leadership) : 혁신을 통해 고객이 원하는 제품을, 원하는 시점에, 진정한 가치가 담긴 제품 제공
- 고객 경험(Customer Experience) : 고객 만족, 신뢰, 충성도를 이끌어낼 수 있도록 품질 및 고객 서비스에 주력
- 승리하는 문화(Winning Culture) : 글로벌 차원에서 다양한 인력을 확보 · 육성하고, 구성원의 장점 인정, 고객에 대한 몰입에 초점, 높은 수준의 성실성과 윤리적 행동 등을 요구하여 긍정적인 조직 환경 조성

이러한 전략 목표를 달성하기 위해 경영자 보상의 목적을 다음과 같이 설정하고 있다.

- 경쟁사와 대비하여 성취한 성공에 상응하는 보상 제공
- 동종 하이테크 업체, 여타 글로벌 기업과 비교시 우수 인재를 확보할 정도로 경쟁력 있는 총보상(Total Compensation) 지향
- 기본급 및 복리후생에 대해서는 보수적으로 운영하고, 성과에 연동한 장기 및 단기 성과급은 강화
- 회사 전체, 지역·사업 단위, 개인 성과를 모두 고려한 보상
- 경영자와 주주 이해를 돕기 위해 장기적 관점의 보상 패키지 중심으로 운영

〈보상 패키지 구성〉

기본급, 단기 성과급, 장기 성과급, 연금·복리후생 등으로 구성되어 있다. CEO의 보상 요소별 구성 비중(연금·복리후생 제외)을 보면, 기본급 10%, 단기 성과급 10%, 장기 성과급 80%로 구성되어 있다.

❖ 기본급

- ◆ 시장 평균 수준으로 기본급을 설정하는 것이 기본적인 원칙
- ◆ 개인별 기본급 수준은 책임의 크기(포지션), 성과, 경험, 유지의 필요성, 과거 보상 수준, 내적 보상 공정성 등을 고려하여 차등 결정

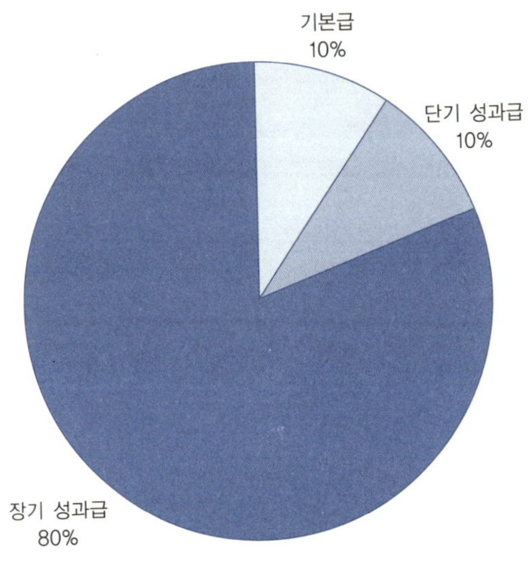

〈그림 7〉 델의 등기이사 보상 비중(2006)

❖ 성과급

성과급(Annual Incentive Bonus)은 다음 공식을 통해 결정된다.

〈그림 8〉 델의 단기 성과급 산출 공식

◆ 단기 성과급 타깃 금액

개인별 성과급 타깃 금액은 CEO는 기본급의 200%, 시니어 경영진은 기본급의 100~200%로 설정

◆ 기업 성과 조정 계수

  • 0~300%의 가중치이며, 매출성장률과 운영 영업 이익(Operating
    Income Margin) 성과 지표의 목표 달성도로 평가

  • 2개 성과 지표 중 어느 하나라도 목표를 달성하지 못하면 0%

<그림 9> 단기 성과 지표 및 목표 설정

성과 지표	목표 수준 및 달성도		
	Threshold	Target	Maximum
매출성장률	5.0%	10.0%	20.0%
운영 영업 이익	7.0%	7.8%	8.6%

◆ 최종 성과급 규모는 전략 지표 성과 평가를 통해 조정

  • 고객 만족도 지수(Customer Satisfaction Score)

  • 온라인 고객 만족도 지수(Online Customer Satisfaction Score)

  • 'Tell Dell' 지표(Tell Dell Metrics)

  • 글로벌 성장

◈ 장기 성과급

◆ 주식형 보상은 스톡옵션, 양도제한조건부주식, 성과연동양도조건부
  주식으로 구성

◆ 이 중 성과에 연동한 양도조건부주식은 CEO를 포함한 시니어 경영
  진을 대상으로 적용하며 5년 후 성과 목표 달성시 주식으로 일괄 부
  여하는 보상 제도

<그림 10> 단기 성과 지표 및 목표 설정

성과 지표	목표 수준 및 달성도		
	Threshold	Target	Maximum
매출(in Billion)	57.6달러	61.5달러	64.3달러
3년간 매출성장률	3%	10%	15%
최소 영업이익	6%	6%	6%

◆ 현금형 보상으로는 장기 현금 인센티브 보상(Long-Term Cash Incentive Award)이 있으며, CEO를 제외한 모든 임원을 대상으로, 주식형 장기 성과급의 한계 보완 및 우수 경영진 유지 차원에서 시행 (4년 후 현금 보상)

7. 듀폰(2008 Proxy Statement)

본사 : 미국, 델라웨어주 윌밍턴

사업분야 : 화학제품 업체

CEO : 찰스 올리데이(Charles O.(Chad) Holliday, Jr.)

매출 : 294억 달러

이익 : 30억 달러

종업원 수 : 60,000명

〈경영자 보상 철학〉

경영자 보상 철학은 다음과 같다.

- 회사 전체, 사업부, 기능 그리고 개인 등 모든 단위에서 성과를 평가하고 이를 보상과 강력하게 연동하는 위험에 대한 보상(Pay-at-Risk) 추구
- 주식형 보상을 통해 경영자와 주주의 이해를 연계하고, 이를 통해 장기적 관점의 경영 및 주주 가치 극대화 지향
- 사업 성장, 바람직한 역량 발휘 등 회사의 핵심 가치를 잘 수행한 사람에게 보상
- 우수 경영자를 확보하고 유지할 수 있도록 보상의 대외 경쟁력 확보

〈보상 패키지 구성〉

❖ 기본급

◆ 경영자의 주된 보상은 단기 및 장기 성과급으로, 기본급은 시장 평균 기본급 수준으로 설정

◆ 기본급 인상은 성과, 책임의 크기(포지션), 경험, 시장 경쟁력 등을 종합적으로 고려하여 결정

❖ 단기 성과급

매년 현금으로 보상하는 단기 성과급(Annual Short-Term Incentive)은 다음 공식에 따라 결정한다.

〈그림 11〉 듀폰의 단기 성과급 산출 공식

〈그림 12〉 단기 성과 평가 지표

성과 평가 단위	가 중 치	지　표
기업 전사 성과	20%	주당순이익
사업부 성과	60%	세후 영업이익(20%) 매출(20%) 현금흐름(10%) 전략 성과 지표(10%)
개인 성과	20%	비용 절감, 신제품 성공 등

❖ 장기 성과급

장기 성과급은 스톡옵션, 양도제한조건부주식, 성과급 주식 등으로 구성되어 있다.

① 스톡옵션

◆ 개념

주주 가치와 경영진 보상을 연계하여 장기적 관점의 경영 촉진

◆ 대상

CEO 및 시니어 경영진(일반 리더 포함)

◆ 지급 규모

총장기 성과급의 1/3 수준으로 책정

◆ 장기 성과 지표

주가

◆ 행사 조건

3년 행사 제한(3년간 균등 분할 지급), 6년간 행사 가능

② 성과급 주식

◆ 개념

주주 가치를 제고하고 회사의 재무 성과 달성 촉진

◆ 대상

CEO 및 시니어 경영진(일반 리더 포함)

◆ 지급 규모

총장기 성과급의 1/3 수준으로 책정

◆ 성과 지표

- 3년 후 총주주가치창출분과 매출성장률을 경쟁사와 대비하여 평가
  (각 50% 가중치)

- 보상액 = 매출성장률×타깃 금액×50%＋총주주가치창출분(TSR)
  ×타깃 금액×50%

- 각 성과 지표별 달성도 등급 및 타깃 성과급 지급률
  - 하위 25% 이하 : 0%

  - 하위 25% : 25%

  - 중위 50% : 100%

  - 상위 75% : 200%

◆ 지급 조건

3년 후 주식으로 지급하되, 50% 금액은 매출성장률, 50% 금액은 총
주주가치창출분 평가 결과에 연동하여 지급

③ 양도제한조건부주식

◆ 개념

회사에 대한 주인 의식을 높이고 우수 경영자 확보 및 유지

◆ 대상

CEO 및 시니어 경영진(일반 리더 포함)

◆ 지급 규모

총장기 성과급의 1/3 수준으로 책정

◆ 장기 성과 지표

3년 후 주가

◆ 지급 조건

　3년 후 주식 지급

❖ 스톡 오너십 가이드라인

◆ 주주와 경영진의 이해를 일치하고, 경영진이 장기적 관점에서 경영
하도록 유도하기 위해서는 회사 주식을 일정 기간 보유해야 한다는
생각에서 시행

◆ 경영진은 해당 포지션에 보임된 후 3년 이내에 포지션별 목표 금액
에 해당하는 주식을 보유토록 의무화

　• CEO : 기본급의 5배 금액

　• 고위 경영진(EVP) : 기본급의 4배 금액

　• 시니어 경영진(SVP) · 사업 책임자 : 기본급의 3배 금액

　• 일반 임원 : 기본급의 1.5배 금액

8. 3M(2008 Proxy Statement)

본사 : 미국, 미네소타주 세인트폴

사업분야 : 과학·광학·제어장비 제조업체

CEO : 조지 버클리(George W. Buckley)

매출 : 245억 달러

이익 : 41억 달러

종업원 수 : 60,000명

〈경영자 보상 철학〉

"3M은 경영자 보상 제도가 회사의 성장 및 성과 창출에 기여할 것이라는 강력한 믿음 아래, 주주와 경영자의 이해관계를 일치시킨다"는 보상 철학을 보유하고 있다.

이를 기반으로 한 네 가지 핵심 원칙(Principle)은 다음과 같다.

- 총보상 수준은 시장에서 유능한 경영자를 영입할 수 있어야 하고, 경영진이 최고 성과를 낼 수 있도록 충분히 동기부여할 수 있어야 하며, 우수한 리더십 역량과 전문 스킬을 보유한 사람들이 3M에 오랫동안 남아 지속적으로 주주 가치를 창출할 수 있도록 우수 경영자를 유지할 수 있을 정도로 '경쟁력'이 있어야 함
- 경영자가 받는 총보상은 자신이 창출한 성과에 따라 변동되는 위험에 대한 보상(Pay-at-Risk) 사상을 견지함

- 모든 성과급의 궁극적 목적은 회사의 사업 목표 달성 및 주주 가치 증대와 연계되어야 함
- 경영자는 자신의 보상을 3M 주식에 일정 부분 투자할 때 회사의 장기적 주주 가치 창출을 위해 가장 동기부여될 수 있음

이러한 보상 원칙을 준수하기 위해 매년 시장 조사를 실시하여 동종 업계의 경영자 보상 수준을 모니터링하고, 이를 반영하고 있다.

〈보상 패키지 구성〉

❖ 기본급

- ◆ 경영자의 주된 보상은 단기 및 장기 성과급으로, 기본급은 시장 평균 수준, 기본급 수준으로 설정
- ◆ 매년 시장 조사를 통해 결정하며, 반드시 회사 성과와 연동되지 않는 특성 보유

❖ 성과급

- ◆ 성과급 수준은 동종 업계의 50% 수준 지향
- ◆ 자연성장률(Organic Growth), 영업 이익(Operating Income), 경제적 이익(Economic Profit) 세 가지 성과 지표로 평가

❖ 장기 성과급

- ◆ 장기 성과급 수준은 동종 업계의 50~75% 지향

◆ 성과급 주식(Performance Unit Plan)

- 회사의 장기 성과와 연동하여 보상

- 3년 후 성과 평가를 통해 보상 금액 결정

- 제도상으로는 현금 또는 주식으로 지급 가능하나, 일반적으로 현금 지급

- 경제적 이익성장률과 매출성장률 두 가지 지표로 평가(가중치는 각각 60%, 40%)

◆ 경영진 스톡오너십 프로그램(Management Stock Ownership Program)

- 주가와 연동하여 보상하는 장기 성과급

- 스톡옵션, 양도제한조건부주식 등의 형태로 운영

- 스톡옵션의 경우, 3년간 분할 부여하여 7년간 행사 가능

9. 제록스(2008 Proxy Statement)

본사 : 미국, 코네티컷주

사업분야 : 사무 관리 기술(제품) 및 서비스 제공업체

CEO : 앤 멀케이(Anne M. Mulcahy)

매출 : 170억 달러

이익 : 11억 달러

종업원 수 : 57,400명

〈경영자 보상 철학〉

경영자 보상 프로그램은 사업을 제대로 경영하여 장기적 성공을 이끌 수 있는 능력, 열정, 비전을 지닌 유능한 경영진을 확보·유지·동기부여 하는 데 중요한 역할을 수행한다. 이러한 취지에서 경영자 보상의 목적은 다음과 같다.

- 최고의 경영진 확보
- 핵심 경영진 유지
- 과거 성과에 대한 보상
- 미래의 성과 창출을 위한 동기부여
- 주주와 경영진의 장기적 이해 일치
- 경영진의 리더십 잠재력을 개발하는 데 기여

이러한 목적 달성을 위한 경영자 보상의 핵심 원칙(Core Principle)은 다음과 같다.

◆ 회사의 사업 목표 및 가치(Value)를 강화할 수 있는 보상 제도 운영
  • 매출 · 이익 · 현금흐름을 높인 성과에 대한 보상
  • 구성원의 높은 사기 및 몰입을 이끌어내는 데 대한 보상
  • 기업의 사회적 책임을 준수하여 좋은 평판을 얻는 것에 대한 보상
◆ 성과에 연동한 보상
  • 단기 및 장기 성과 목표를 달성하면 높은 보상을 제공하고, 반면 목표를 달성하지 못하면 목표 금액보다 적은 보상 제공
  • 재무적 목표와 비재무적 목표 달성도를 함께 고려하여 보상과 연계
  • 총보상의 2/3 이상을 성과에 연동(2007년의 경우 기본급 25% 미만)
◆ 다양한 보상 수단을 조합한 보상의 유연성 확보
  • 단기 성과급(현금 지급)과 장기 성과급(주식 지급)의 조합 비율을 미리 설정하지 않고 유연하게 적용
◆ 경쟁력 있는 보상 기회(Compensation Opportunity) 제공
  • 글로벌 시장에서 유능한 경영진을 확보 · 유지할 수 있을 정도의 경쟁력 있는 보상 제공
  • 보상위원회는 매년 동종업계 보상 수준을 모니터링하여 반영
    – 동종업계의 예 : Eastman Kodak, IBM, Electronic Data System, EMC, HP, Cisco Systems, Dell 등
  • 동종업계 평균을 기준으로 약 30% 가감한 수준으로 기본급 · 단기 및 장기 성과급 · 총보상 수준 설정
◆ 단기와 장기 성과의 균형 추구

◆ 회사의 재무 성과에 책임을 지고 그에 따라 보상 수준이 결정되는 시스템 추구

- 장기 성과급으로 받은 보상(주식)의 일정 수준은 의무적으로 일정 기간 보유토록 하는 '주식 소유(Stock Ownership)' 제도 시행
- 기본급의 2~5배 수준까지 주식으로 보유할 수 있도록 장기 성과급으로 보상받은 주식의 약 50% 수준 보유
  - CEO : 기본급의 5배 수준
  - 시니어 경영진 : 기본급의 2~3배

이러한 핵심 원칙을 통해 경영진이 회사의 재무 성과를 높이고, 각기 담당하는 사업부·부서·기능에 대한 성과에 책임을 지며, 주주 가치 제고 관점에서 경영진이 한마음으로 의사결정하도록 유도하고 있다.

〈최고경영자 성과 목표〉

보상위원회가 설정한 CEO의 성과 목표는 다음과 같다.

- 재무 성과 : 매출, 주당순이익, 현금 흐름
- 리더십 효과성 : 전략 방향에 대한 커뮤니케이션과 실행력, 후계자 육성 계획 수립 및 실행, 기업의 사회적 책임 준수, 단기 및 장기 사업 계획 수립·실행, 구성원 사기 및 윤리 의식 고취 등
- 고객 만족 : 제품·서비스·프로세스 등에서 현저한 개선 유도
- 신시장 개척 기회 발굴
- 구성원 만족 : 핵심 인재 유지, 긍정적 조직 환경 조성, 육성 기회 제공

〈보상 패키지 구성〉

❖ 기본급

◆ 보상위원회는 매년 CEO 기본급을 결정하며, CEO가 제안한 경영진
의 기본급에 대해 검토 · 승인

◆ 기본급 인상은 동종 업계의 동향을 고려하며, 인상 수준은 포지션 ·
리더십 및 경영진의 내적 형평성을 고려하여 결정

❖ 단기 성과급(APIP : Annual Performance Incentive Plan)

◆ 보상위원회는 성과급 결정시 '전년도의 성과 목표 달성도 평가 및
그에 연동한 성과급 수준 결정', '차년도 성과 지표 · 목표 수준 및
타깃 성과급 금액 설정', '성과 평가시 목표 달성도 평가 기준 정립'
등의 역할 수행

◆ CEO의 단기 성과 지표 및 가중치
매출성장률(30%), 주당순이익(40%), 현금흐름(30%)

◆ 단기 성과급 목표 금액
CEO(150%), 시니어 경영진(70~125%)

◆ 단기 성과 목표 달성도 평가 방식
Threshold 이하(0%), Threshold 달성(타깃 금액의 50%),
Target(100%) 목표 달성(타깃 금액의 100%), Maximum 달성(타깃
금액의 200%)

❖ 장기 성과급(E-LTIP : Executive Long-Term Incentive Program)

◆ 3년간의 누적 성과에 따라 평가하며, 목표 달성시에 주식으로 지급하는 성과급 주식(Performance Share) 방식

◆ 개인별 부여 규모는 동종 업계 동향, 회사의 지급 여력, 과거 성과 기여도, 미래의 예상 기여도 등을 고려하여 보상위원회에서 결정

◆ 목표 달성도에 따라 장기 성과급 타깃 금액의 0~150%를 차등 지급

◆ 장기 성과 평가 지표

주당순이익(가중치 60%), 현금흐름(가중치 40%)

10. 시스코(2008 Proxy Statement)

본사 : 미국, 캘리포니아주 산호세

사업분야 : 네트워크 통신 회사

CEO : 존 챔버스(John T. Chambers)

매출 : 349억 달러

이익 : 73억 달러

종업원 수 : 65,000여 명

〈경영자 보상 철학〉

경영자 보상 프로그램은 '보상위원회' 가 검토·승인하는 것을 원칙으로 한다.

- 보상위원회는 시스코 경영층의 평가·육성 활동이 기업의 목표를 달성하는 차원에서 제대로 설계되어 있는지, 경영층의 보상이 회사의 전략, 경쟁사 동향, 주주의 이익 관점에서 제대로 보상받고 있는지 검토한다.
- 경쟁이 매우 심하고 기술 환경이 급변하는 IT 업종에 속해 있는 특성상, 시장에서 우수 경영자를 확보·유지하는 것이 매우 중요하기 때문에, 이를 가능케 하는 관점에서 경영자 보상 제도를 설계한다.
- 경영자 보상의 핵심은 '성과주의' 로, 총보상 중에서 성과에 연동한 보상 비중을 90% 수준으로 책정한다.

〈보상 패키지 구성〉

❖ 기본급

◆ 기본급의 타깃은 동종 업계 대비 50% 수준에서 설정

❖ 단기 성과급

◆ 단기 성과급 수준은 동종 업계 대비 50% 수준에서 설정

◆ 경영진 보상은 'PLI(Professional and Leadership Incentive) Plan' 이라는 성과급 제도를 기반으로 운영

◆ 성과 평가는 회사 성과 지수(가중치 0.0~2.0), 고객 만족도 지수(가중치 0.0~1.4), 개인 성과 지수(가중치 0.0~2.0)의 곱(Multiple)에 의해서 결정

◆ 개인별 단기 성과급 타깃은 기본급의 60~125% 사이에서 결정

❖ 장기 성과급

◆ 장기 성과급 타깃은 동종 업계 대비 50~75% 수준에서 설정

◆ 스톡옵션 방식을 기본적으로 사용하고 있으며, 2007년부터는 회사에 대한 주인 의식 고취 및 우수 경영자 유지 목적으로 5년간 분할 지급하는 양도제한조건부주식 부여

◆ 보상위원회가 경영진의 포지션 고려, 장기 성과급 부여 규모 결정

  • 개인별 성과, 미래에 맡게 될 포지션, 승진 가능성, 기존에 부여받은 주식(옵션) 가치, 담당 포지션에 비춰볼 때 총보상 타깃 등 고려 (이상의 요인들에 대한 가중치는 개인마다 다르며, 보상위원회 재량으로 결정)

| 참고자료 |

▷▶ CEO Turnover. Spencer & Stuart. 2006.

▷▶ Mercer issues annual study of CEO compensation at large US firms. Mercer Consulting. April. 2007.

▷▶ The 2007 Top 250 : Long-Term Incentive Grant Practices for Executives. Frederic W. Cook & Co., Inc. 2007.

▷▶ List of highest-paid CEOs in 2007(www.portfolio.com).

▷▶ Mercer issues annual study of CEO compensation at large US firms. Mercer Consulting. April. 2007.

▷▶ The Era of the Inclusive Leader. Booz Allen Hamilton. 2007.

▷▶ Masaki Saruta. Toyota Production Systems : The 'Toyota Way' and Labor-Management Relations. Asian Business & Management. 2006.

▷▶ Bruce Overton(2003). Executive Compensation : Levels of Executive Pay in 2003. September. Executive Compensation.

▷▶ William. Mercer. Executive Compensation. Perspective. The Space, Face, and Pace of Executive Pay for Performance. Issue 7. July. 2000.

▷▶ William. Mercer. Executive Compensation. Perspective. CEO Compensation Study Reveals Subtle Shifts in Emphasis. Issue 12. June. 2001.

▷▶ ASPEN Publisher(Bruce Overton). Executive Compensation. Update. Level of Executive Pay in 2003. September. 2003.

▷▶ IOMA's Pay for Performance Report. A New Look at Long-Term Incentive Plans for Execs. June. 2003.

▷▶ ASPEN Publisher(Bruce Overton). Executive Compensation. Update. Trends in Executive Compensation. January. 2003.

▷▶ Handbook of Compensation.

▷▶ Executive Compensation. Towers Perrin. 2002.

▷▶ '코스닥시장 상장법인 주식매수선택권(스톡옵션)을 통한 추가상장 현황 및 추이.' 연합뉴스. 2006. 9. 14.

▷▶ 잘못된 스톡옵션 관행 바로잡는다… 성과연동형으로 전환 유도. 한국경제. 2007. 5. 4.

▷▶ LG주간경제. CEO 보상 관리 포인트. 2003. 8. 6.

▷▶ LG주간경제. 기업 전략과 연계된 경영자 보상 프로그램. 2000. 5. 10.

▷▶ LG주간경제. 스톡옵션의 현재와 미래. 2004. 3. 10.

▷▶ LG주간경제. 해외 기업들의 장기 보상 트렌드. 2004. 3. 24.

▷▶ 금융학회 심포지엄. 국내 시중 은행 경영자들의 임금 결정. 2004.

▷▶ CEO 보수의 투명성과 주주가치. KDI 국제정책 대학원. 김우찬.

▷▶ 경향신문. 지금은 임원시대. 2003. 7. 8.

▷▶ 서울경제. 미 상장 기업 스톡옵션 줄인다. 2005. 2. 20.

▷▶ 서울경제. 미 대기업 CEO 평균 연봉 110억 원. 2005. 2. 18.

▷▶ 매일경제. 월가 CEO, 쥐꼬리 실적, 연봉은 왕창. 2005. 2. 18.

▷▶ 동아일보. 한국 CEO 보수 세계서 하위권. 25개 국가 중 21위 차지. 2003. 11. 4.

▷▶ 한국경제. CEO 경쟁력 위해선 인센티브 확보 시급… 신분도 불안. 2001. 5. 28.

▷▶ 파이낸셜뉴스. 두산 스톡옵션 '불만'… 임직원 주가 낮아 포기. 2005. 3. 6.

▷▶ 연합뉴스. 감원 한파 속에 은행장들은 거액 스톡옵션이라니. 2005. 3. 6.

▷▶ 서울경제. 미 기업 스톡옵션 비용처리키로. 2004. 12. 17.

▷▶ 뉴스메이커. (월드리포트) 회사는 죽 쒀도 CEO는 돈방석. 2005. 2. 25.

▷▶ 한국상장회사협의회. 상장회사 스톡옵션 부여 및 운영 현황. 2004. 11.

▷▶ 삼성경제연구소. 전환기 CEO의 역할과 경쟁력. 2001. 5. 16.

▷▶ KAFA 세미나 발표자료. 은행 지배구조와 CEO 평가 보상. 2002. 6. 7.

중앙경제평론사
중앙생활사

Joongang Economy Publishing Co. /Joongang Life Publishing Co.

중앙경제평론사는 오늘보다 나은 내일을 창조한다는 신념 아래 설립된 경제 · 경영서 전문 출판사로서
성공을 꿈꾸는 직장인, 경영인에게 전문지식과 자기계발의 지혜를 주는 책을 발간하고 있습니다.

CEO 꿈의 연봉에 도전하라

초판 1쇄 인쇄 | 2009년 2월 5일
초판 1쇄 발행 | 2009년 2월 10일

지은이 | 최병권(Byoungkwon Choi)
펴낸이 | 최점옥(Jeomog Choi)
펴낸곳 | 중앙경제평론사(Joongang Economy Publishing Co.)

대   표 | 김용주
편   집 | 한옥수 · 최진호
기   획 | 박기현 · 박종운
디자인 | 신경선 · 김선영
마케팅 | 김치성
관   리 | 이세희
인터넷 | 김회승

출력 | 국제피알   종이 | 서울지류유통   인쇄 · 제본 | 신흥P&P

잘못된 책은 바꾸어 드립니다.
가격은 표지 뒷면에 있습니다.

ISBN 978-89-6054-043-9(03320)

등록 | 1991년 4월 10일 제2-1153호
주소 | ⑨ 100-789 서울시 중구 왕십리길 160(신당5동 171) 도로교통공단 신관 4층
전화 | (02)2253-4463(代) 팩스 | (02)2253-7988
홈페이지 | www.japub.co.kr 이메일 | japub@naver.com | japub21@empal.com
♣ 중앙경제평론사는 중앙생활사 · 중앙에듀북스와 자매회사입니다.

▶ 홈페이지에서 구입하시면 많은 혜택이 있습니다.

※ 이 도서의 **국립중앙도서관 출판시도서목록(CIP)**은 e-CIP 홈페이지(www.nl.go.kr/cip.php)에서
이용하실 수 있습니다.(CIP제어번호: CIP2008003377)